JN085278

スクリーンに映る
都市の日常

孤独と
出会いの
映画論

木本 伸
Kimoto Shin

新曜社

はじめに

この本をお手に取りくださり、お礼申し上げます。聞いたことのない著者の名前、ささやかで目立たない本。それでも手に取ってくださったのは、何かの偶然だったと思います。

本を読んでいると、日々、言葉にならないままに、ぼんやりと感じていたことが何だったのか、初めてわかることがあります。それは自分の日常あるいは自分自身と、あらためて出会うという経験ではないかと思います。そんなとき、私たちは日々の意味に少しだけ気づくのでしょう。私たちが出会いたいのは、この何気なく過ぎていく日常の意味ではないでしょうか。あわただしく日々は流れ去ります。そこで何か大切なものを見失っているのではないかという苛立ちを、かすかに覚えることがあります。それは日々の意味に出会いたいという、こころのうずきかもしれません。そのような気持ちも、しかし、また日常の騒がしさのなかでかき消されていきます。

本を手にするとき、あわただしい時間の流れが少しだけ止まります。そして流れ去っていく日常を振り返る、別の時間が始まります。もしも、そこで探していた日常の意味に気づくことができるなら、その本を手にした偶然は、日々の意味に出会いたいという願いが引きよせた必然に転じるでしょう。おそらく本の著者もまた同じような気持ちから出会いを重ね、その出会いを言葉にしたのです。本の言葉と私のこころが共振するとき、その著者に親しみを覚えます。見知らぬ他人を身近に感じるということは、ふつうはありえないことです。そのようなことが起きるのは、本の言葉に見いだされた意味が日常の全体を捉えたからでしょう。

この本の著者は日々の意味を探しながら、いろんな映画を見てきました。この本で取り上げた作品の内容はさまざまです。恋愛、孤独、死別、SF、テロ、ホラー。一見すると、何の関連もなさそうです。しかし、ここでは、それらのすべてが平凡な日常をスクリーンに映し出したものとして受けとめられています。もちろん、SFやホラーで描かれるのは非日常的な世界です。それらは平凡な日常の見えざる裏面を映し撮り、架空の形式で提示しているのです。その方法は日常の異化と呼ぶことができるでしょう。それにより現代社会に漂う空気のような不安や予感が未来世界や怪奇物語として結晶するのです。これらの作品において、私たちは見落としやすい現実の一端を非日常的な異形の形式で突きつけられることになります。

このような映画の見方は、それほど無理なものではないと思います。なぜなら映画の制作者たちも社会的現実に身をおいて、その経験のなかから作品を構想しているからです。もちろん歴史と社会により経験の内実はさまざまです。しかし、人間の基本的な感情はそれほど変わらないものではないでしょうか。映画のなかの遠い国の不安や孤独は私たちの胸にも迫ります。また科学と技術の発展により、世界の都市の経験はますます相似してきました。今では都会でも地方でも電気や水道などのインフラが享受され、企業のCEOも難民もスマホで情報を収集します。また大気の汚染はだれにも暗い未来を予感させ、社会の効率性は逃げ場のない息苦しさをもたらします。この現代社会の負の側面も世界中で共有されていることでしょう。

他方で大都市のビルの谷間では、息苦しい日々の間隙で、ささやかな微笑みが交わされているかもしれません。その微笑には殺伐とした社会をほんの一瞬ひるがえす力があることでしょう。そのような映画の一場面を目にするとき、何気なく通り過ぎてきた日々の出来事が思い出されます。こうした意味で映画を見ることは、私たちの現実を深める場となるのではないかと思います。

この本では作品の配役や裏話には、ほとんど言及していません。できるだけ作品の展開に即して、映像だけを描き取るようにしています。一人の観客としての映画体験のなかから作品を考察するように努めています。それは作品の単純な再構成ということではありません。どこかで映像と日常の風景が重なるとき、こころと作品が共振します。そのとき私たちはスクリーンに映し出された日常の意味にうなずくのです。この本は映画に問い直された著者の日常の素描集であり、映画との対話の記録です。それがまた読者の日常を問うものとなれば幸いです。

目次

孤独と出会いの映画論――スクリーンに映る都市の日常

Ⅲ　恋と情欲

Ⅳ　社会という意識のゲーム

V　都会の片隅の希望

装幀――難波園子

I　科学技術と社会の未来

科学技術とニヒリズム　『太陽を盗んだ男』（一九七九年）

意味の喪失と風船ガム

戦後を代表するアクション映画の一本だろう。主人公の城戸誠は中学校の理科教師。城戸は東海村の原子力発電所からプルトニウムを盗み出し、アパートの一室で小型原子爆弾を製造する。プルトニウムの盗難に続き、国会議事堂で原爆の試作機が発見され、日本政府はテロの危機に直面する。政府側の担当者は手練の刑事、山下である。かつて皇居前のバスジャック事件に関わり、この二人には面識があった。長年の経験と聴き覚えのある電話の声を手がかりに、山下はテロリストの正体を追いつめていく。この両者の緊迫した関係に彩りを添えるのがラジオ局の美しいディスクジョッキーである。彼女は刑事とテロリストを三角関係でつなぐだけではなく、リスナー参加型のラジオ番組を通じて大都会の劇場犯罪を演出することになる。恋とカーチェイスと両雄の一騎打ち。こうして息もつけない大活劇が展開していく。

この作品は当代の華やかな俳優陣が顔をならべるエンターテイメントである。だが、それ以上に、ここには重大な問題提起が込められている。そのひとつが先にふれた都市の劇場犯罪の可能性である。テロリストは東京のどこかに潜んでいる。ラジオの電波を通じて犯人はテロを示唆するが、その姿はどこにも見えない。警察への脅迫電話には変声器が使われており、だれなのか見当もつかない。またデパートの赤電話からかけていることを逆探知しても、結局、買物客に紛れて逃げられてしまう。東京の群集のどこに犯人を捜せばいいのか。これは、その後、多発することになる都市型犯罪を予告するものだった。

近代の大都市。それは科学技術の産物である。地下鉄、工場、マスメディア。これらが群集を産み出し、群集は自分を産み出した道具を使いこなす技術者となる。近代の群集は技術に親しい。その延長上に本作の核心をなす原爆の製造がある。作中の政府の役人によれば、原爆は「だれにでも作れる」という。なぜならプルトニウム以外は市販の薬品や電子部品でも組み立てることができるからだ。現実的に一市民が核兵器を製造できるかどうかは別として、大量破壊兵器の入手は意外と容易であり、それがテロの危険性を高めていることは確かだろう。主人公の原発への侵入と核兵器の製造が、最近の社会的現実を先取りしていると指摘することは十分に可能である。

だが作品が次世代を先取りしていたとして、それが何だというのだろう。それは言い換えれば、すでに現実に乗り越えられて過去の作品になったということだ。そのような映画には資料的価値しかない。原子力や都市の劇場犯罪は歴史の産物である。それらが過去のものとなっても、この作品は挑発的であり続けるだろう。なぜなら、ここで問われているのは科学技術の一形態ではなく、それがもたらした意味の喪失という事態だからだ。その意味で、この作品の射程は現在をこえて未来まで及んでいる。

作品の冒頭、時限装置が時を刻む。続いて巨大な爆発音とキノコ雲。この暗示的な場面から物語が始まる。スクリーンには夜の原発を偵察する男の姿。男は黒ずくめでガムをかんでいる。ここまでの映像で、すでに作品の要素はほぼつくされている。最後の場面も、実は時限装置と風船ガム、そして原爆だ。主人公の城戸誠は、いつでもガムをかんでいる。原発に潜入するとき、学校の授業で、そして死を前にして。生徒たちは理科の教師を風船ガムと呼ぶ。朝の満員電車では扉のガラスに顔を張り付かせて、彼自身がガムのようにうすっぺらになっている。走り去る電車の背景には、東京の住宅街が広がる。そこには主人公と同様に、引き延ばされたガムのような人々の生活があるのだろう。

原爆と世界の滅亡と風船ガム。派手なアクション映画をよそおいながら、この作品が観客の目に焼き付けるのは、この奇妙な組み合わせである。なぜ主人公は世界の滅亡を欲するのか。その破滅的な意志に、とぼけたガムはそぐわない。直線的な思考では両者は異次元の項目だろう。この二項をつなぐ方程式を考えよ。そう作品は問いかける。その答えは意外と近くにあるのかもしれない。なぜなら、手がかりは科学時代における群集の基本的経験にあるからだ。

技術社会を滅ぼす技術

ゆっくり歩けば道端の野花が目にとまる。だが高速道路をクルマで走れば、それは無機質な移動にすぎない。科学技術の発達は「経験の貧困」をもたらした。それは人々の趣味にも現れる。都市でガラス張りの建築が好まれるのは、すでに二十世紀の初頭に見られる現象である。この現象は、その後いっそう顕著になっていく。ガラスは透明で秘密がない。ここには経験の無内容という技術社会の性質が反映しているのだ。ヴァルター・ベンヤミンの批評「経験と貧困」（一九三三年）が教える視点である。科学技術は人間の生活を無内容にした。日々、同じ交通機関で移動し、同じメディアの情報を吸収すれば、均一な集団が産み出されるのは当然だろう。こうして都市の群集が登場した。

技術が群集を産み出し、群集は技術を使う。群集には技術以上の経験がない。だから手にした技術で何がしたいのか、群集にはわからない。主人公は原爆を手に入れて、日本政府に対して絶対的な優位に立つ。ところが彼は何を要求すべきか途方にくれる。あるとき脅迫電話の最中にテレビのナイター中継が目にとまる。まもなく午後九時になり放送は打ち切られそうだ。そこでテロリストは放送の延長を政府に強要する。プロ野球など都市社会の虚構にすぎない。だが都市の産物である群集には、都市の虚構の他に意欲するものがない。別の場面では、彼は退屈のあまり原爆を足の裏で転がしている。それから銀色の球体を抱きしめて「いったい何がしたいんだ、おまえは」と自分に問いかける。

政府に何を要求すればいいのか。アイデアを求めて城戸はリスナー参加型のラジオ番組に電話をかける。原爆を手に入れたら人々は何を望むのだろう。ところがラジオに寄せられた声は、朝日新聞の一面にプロレスの詳報をのせろとか、プロ野球選手に原爆でキャッチボールをさせろとか、くだらないことばかり。このときラジオ放送を背景にスクリーンには都会の喧騒が流れていく。そして最後はゲームセンターで遊ぶ城戸の姿。その横顔は退屈で死にそうだ。彼は全国のリスナーに何を期待していたのだろう。原爆という絶対的権力を持ちながら何も意欲できずに、主人公は絶望を深めていく。

当時、核兵器の保有国は八カ国とされていた。そこでテロリストは脅迫電話で「九番」を名乗る。彼のアパートの床には、核保有国の国旗が丸く並べられていた。それは世界の権力構造を意味しているのだろう。そして円の中央には九番目の国旗がある。その旗には、ただ「?」マークが記されていた。世界の権力構造の中心には何があるのか。その意味を彼は問うている。城戸はラジオ番組に電話をかけて「九番の次はゼロなんだ」という。それは世界の虚無と来るべき破滅を示唆しているのかもしれない。世界は虚無を隠して回り続ける。その中心でテロリストは無為に苦しんでいる。城戸の目には世界が破滅に至る道が見える。世界は、それ自身の無意味によって自壊していくのである。

この作品では原爆の悲惨は描かれない。城戸のアパートに忍び込むネコ。夏のプールに浮かぶ子供たちのなきがら。プルトニウムの破片がもたらす死の映像は美しい。被曝を示唆する主人公の抜け毛にも現実感がない。彼は抜けた髪を無気力に眺めて吹き飛ばす。そこに病の苦しみはない。最後の核爆発の場面も現実の悲惨を想像させることなく溶暗する。ここには核兵器を道義的に告発する姿勢は見られない。それは殺戮のイメージを遠ざけて、核をめぐる別の主題を問うためだろう。

なぜ制作者は作品に核兵器を持ち込んだのか。核兵器とテロリズム。これは被爆国では扱いにくい素材である。ただのテロが目的ならば、プルトニウムの破片を撒き散らすだけでも十分だろう。作中の政府の役人も、その可能性に言及する。だが主人公は原爆の製造に固執する。そして完成した美しい球体を見て狂喜する。核兵器は技術の粋に他ならない。ここには技術へのこだわりが認められる。

太陽を盗んだ男。この作品の表題はプロメテウスの神話を想起させる。プロメテウスは火を盗んで人類に与えた。火は技術の暗喩である。だが火は、ときとして制御できない。そのためプロメテウスの火は原子力技術の比喩とされてきた。その意味で作品の表題は核武装したテロリストを暗示している。そもそも彼は都市の平凡な住民だった。その思想や感情には、取り立てて特異なところは見られない。それどころか彼はだれよりも街の退屈な気分を共有している。それだけに原爆の製造にこだわる理由がわからない。おそらく作中の核兵器は近代社会の退屈が生んだ技術の産物なのだ。

原子力とは何か。それは理科の授業の場面によれば、「物質が物質でなくなるときに発生する巨大な力」である。この巨大な力を技術的に操作するのが核兵器だろう。核兵器は技術の産物でありながら、技術社会を一挙に滅ぼす。その意味で核兵器は社会と物質を根底から自己否定する。技術による技術の否定。この作品には技術社会は技術で滅ぶというテーゼが込められている。この技術の自己否定には、技術がもたらした意味の空洞化が介在している。何がテロリストを行為に走らせたのか。それは意味を失くした世界を無意味に帰する最後の意志だろう。ここには世界の意味を問う形而上的な視線が秘められているのではないだろうか。

テロリストの最後の問い

テロリストは政府に何を要求すればよいのか、わからない。そこでラジオのディスクジョッキーの提案を受け入れて、ローリングストーンズの日本公演を要求する。その会場に城戸が姿を現す。

武道館は厳重に警戒中だ。城戸は山下刑事を見つけると気さくに声をかけて、近くのビルに誘導する。晴れた日の高い空。ビルの屋上には刑事とテロリストが二人きり。遠く足下には公演を待つ人々が列をなしている。

城戸は山下に銃を向けて、「もう一度だけ話し合いに来た」と言う。世界を滅ぼす前に何の話があるというのだろう。おそらくテロリストは刑事に最後の希望をかけていたのだ。その理由は物語の前史にさかのぼる。この二人は、かつて皇居前のバスジャック事件で知り合った。その記憶が忘れられずに、城戸は政府側の担当者に山下を指名したのだ。

皇居前のバスジャック。それは奇怪な事件だった。銃を持つ老人が中学生のクラス旅行のバスを乗っ取り、天皇に会わせろと訴えたのだ。そのとき生徒たちを引率していたのが城戸だった。老人は戦争で息子を失くした。そこで「陛下にお会いして、息子を返していただきたい」と要求した。このとき一身を投げ打って生徒たちを救い犯人を取り押えたのが、捜査一課の山下である。この逸話は作品の流れにそぐわない。物語の舞台は経済成長期の日本。もはや都市の日常に戦争の記憶はかけらもない。中学生のバスに侵入して、天皇に会わせろと訴える老人の姿は異様である。その暗い目つきは過去の亡霊のようだ。もちろん過去の戦争を語ることが作品の主題でもない。

この事件に意味を求めるならば、それは何かに殉じる生き方を示すことだろう。現代の繁栄から取り残されたように、老人は過去の記憶を生きてきた。そして死んだ息子のために天皇に直訴するという狂気に走った。この逸話は天皇や軍隊に実権があった古い時代を思い出させる。身捨つるほどの祖国はありや。そう老人の姿は問いかける。そして、この事件の非日常性は、もはや身を捨てるほどの祖国など何処にもないと告げている。

作品にはもう一人だけ、何かに身を捧げる人物がいる。それが山下刑事だ。彼はテロリストに銃を突きつけられても、「俺は三十年間、体を張ってこの街を守ってきた」と誇らしく宣言する。その事実を城戸はバスジャック犯と格闘する刑事の姿に目撃した。だからテロリストは交渉相手に山下を選んだのだ。彼は「あんたなら一緒に戦えると思った」と言う。それは世界の無意味との戦いだった。主人公は風船ガムと仇名《あだな》されている。ふくらむ彼のガムには空虚な都市の心象風景が映し出される。ところが山下と向き合うとき、主人公はいつものガムを忘れている。刑事の生き様が退屈な習慣を許さないのだ。世界は本当に無意味なのか。この問いを決するために、城戸は山下との対決を求めたのだろう。

両雄はビルの屋上で対峙する。この場面は聖書の一節を想起させる。『マタイ伝』によれば、イエスは荒野で悪魔に試されたという。四十日の放浪の後、イエスの前に悪魔が現れる。悪魔は世界の栄華を与えようと申し出るが、それを拒否してイエスは伝道の旅を始める。東京のビルの屋上には、もちろん神や悪魔は現れない。だが、このとき城戸の中では意味と無意味が葛藤していた。そして現代の日本で勝利したのは世界の無意味だった。

主人公は最後の対話に終止符を打つ。彼は「この街はもうとっくに死んでいる。死んでしまったものを殺して、何の罪になるというんだ」と叫ぶ。今や彼の目には、刑事も死んだ街を守る「ただの犬」にすぎない。これに応えて山下は「おまえが一番殺したがっている人間はおまえ自身だ」と叫び返す。何も欲するものを見いだせなかったテロリスト。彼が主張する世界の無意味とは、たしかに彼自身の生存の無意味だった。だが、そこには虚妄の意欲で日送りする人々の日常が集約されていたのではないだろうか。

アクション映画らしい壮絶な格闘の末、二人はビルの屋上から落ちていく。城戸は街路樹に受け止められて一命を取り留めるが、山下はコンクリートに叩きつけられて命を落とす。好敵手の最期を見届けると、核兵器を隠したボストンバックを拾い上げて、城戸は歩き始める。いつのまにか東京の街は夕暮れ、遠くでネオンが輝いている。彼のまわりには、だれもいない。城戸は放心したように道を歩き、何度かガムをふくらませる。その目はかすかに光っているようだ。それは失われた希望の残照ではないだろうか。そして時限装置の音が次第に大きくなり、時が止まる。主人公を正面から捉えていた映像も静止して、巨大な爆発音がとどろく。世界の終末。それを見届けた私たちは、しかし、ここにいる。テロリストが残した問いに、私たちは答えることができるだろうか。今日も世界は虚妄の意欲で回り続ける。この世界は存続に値するのだろうか。

人間とアンドロイドの分岐点　『ブレードランナー』（一九八二年）

科学技術が生み出す暗い未来

ＳＦ（science fiction）とは何だろうか。それは現実とは関係のない空想の産物だろうか。この作品が発表された一九八〇年代、ＳＦといえば科学技術による明るい未来を描いたものが主流だった。科学は人類を長年の労苦や病から解放した。その先には、さらに明るい未来が待つという素朴な進歩思想である。だが実際には、科学技術は巨大な戦争や公害をもたらしてきた。それが二十世紀の経験である。もはや科学の力で、幸福な未来社会が生み出されるとは、だれも信じてはいなかったのだ。映画館の中の明るい未来などは根拠のない幻想にすぎない。そのような作品が次第に顧みられなくなったのは当然だろう。

ところが『ブレードランナー』では、暗い夜が場面をおおう。街には酸性雨が降りそそぎ、道路は水たまりで足の踏み場もない。街を行きかう人々の衣服も、いつも不愉快に湿っている。この暗いイメージには、どこか説得力がある。それは現在の社会の延長上に、作中の未来社会を見るからだろう。私たちは現在の行末に漠然とした予感を抱いている。この予感に作品は形を与える。つまり作中の未来社会は私たちの予感の反映なのだ。その意味でＳＦとは、私たちの不安や希望を根拠とする表現形式と言えるだろう。

作品の舞台は二〇一九年十一月のロサンゼルス。そこにレプリカント（replicant）と呼ばれるアンドロイドたちが逃げ込む。彼らは人間の代わりに地球外で過酷な労働を強いられる奴隷である。レプリカントに人権はない。この逃亡奴隷を廃棄するのが特殊な任務をおびた刑事ブレードランナー（Blade Runner）たちだ。この作品では、腕利きの刑事デッカートとレプリカントたちの死闘が活写される。

この作品で目を引くのは、未来都市ロサンゼルスの描写である。まずスクリーンは夜の遠景を映し出す。高い煙突から巨大な炎が立ち上り、その彼方には稲妻が光る。どうやら都市の空気は汚れているようだ。その後、カメラは街の中へと移動する。そこには巨大なビルが立ち並び、ビルの壁には液晶パネルがはめ込まれ、絶えず商品の宣伝が流れている。暗黒の夜に浮かび上がる人工的なパネルの輝き。新商品のクスリを薦める芸者の微笑みは醜悪である。また場末の飲み屋は、日本や中国などアジア系の群集であふれている。そこには都市の敗残者が持つ異様な力が感じられる。映画が制作された一九八〇年代、人々はアメリカ文明の未来をこのようにイメージしたのだろう。たしかに科学は発達している。だが高度な統治機構と群集の猥雑な力は両極に分裂している。支配と暴力の相克。大都市にして人種の坩堝。このような表現の場所として、もっともふさわしいのがロサンゼルスという街だった。

この不穏な街を警察は空飛ぶクルマで警邏《けいら》する。その特殊な拳銃も未来の兵器である。ところが最新の装備で街の秩序を守るという任務にありながら、彼らは一度もさわやかな表情を見せない。警察に限らず、この街では、だれもが沈んだ顔をしている。孤独と憂鬱。その他には歓楽街の虚ろな騒ぎがあるばかりだ。街に降る酸性雨が暗示するように、この作品の根底には科学は決して人間を幸福にしないという思想がある。

人間とレプリカントの差異

この科学と人間をめぐる見方は、作品の主題へと直結している。物語の設定によれば、レプリカントと人間は法的に峻別される。彼らは遺伝子工学によって製造されたアンドロイドにすぎない。そのためレプリカントの処分は「廃棄」(retirement)と呼ばれる。だが彼らは「事実上、人間と同一の存在」(a being virtually identical to human)である。それでは両者の差別には、正当な根拠があるのだろうか。主人公のデッカートはレプリカントを処分する自分の仕事に、次第に疑念を覚えはじめる。もしもレプリカントと人間に違いがあるとすれば、それはレプリカントが労働目的のために製造されたということだけだ。だが経済的合理性が貫徹する社会では、多くの人間も特定の目的に従事する部品のひとつにすぎない。また科学の視点では、人間も精巧な機械の一種だろう。そうすると私たちも科学や経済の立場からは、事実上、レプリカントと同一の存在(a being virtually identical to replicant)と呼べるのではないだろうか。

この作品では特殊な任務に従事するブレードランナーたちも、警察という機構の一部である。実は公開当時から、刑事デッカートはレプリカントの一人ではないかという見方が作品のファンによって主張されてきた。その根拠となる映像の細部には、ここでは立ち入らない。ただレプリカントを処分するというブレードランナーの特殊任務が、地球外の危険な労働に従事するレプリカントのあり方に通じていることは確かだろう。レプリカントは人間なのか。それとも人間がレプリカントの一種なのか。こうして観客は次第に「人間とは何か」という根底的な問いへと引き込まれていく。

未来世界のレプリカントたち。彼らは高度な遺伝子工学によって製造されたアンドロイドである。そのためレプリカントと人間は見分けがつかない。また生理的な違いもほとんどない。それでは両者を区別することは不可能なのだろうか。この難問に作品は早々に答えを与える。それは冒頭の取調室の場面だ。そこではブレードランナー（捜査官）が一人の男を尋問している。ここで捜査官が注意するのはさまざまな言葉に対する容疑者の反応である。この心理テストにおいて決定的な役割を果たすのが、子供時代の記憶の有無である。捜査官に「五歳の時の母親の記憶」を問われた容疑者は極度の緊張状態に追い込まれ、隠し持っていた拳銃を発砲して正体を暴露してしまう。工場で作られたレプリカントたちは家庭を知らない。だから彼らは母親のことを問われると完全に落ち着きを失くしてしまう。これは卓越した視点ではないだろうか。アンドロイドはどんなに精巧に作られても、それが工場製品であるかぎり家庭の温もりを知らない。換言すれば、家庭の幸せを知ることが人間であることの最後の証となるわけだ。

ここには怖ろしい反問が隠されている。たとえば、不幸にして母親の愛情に恵まれない人もいる。またレプリカントのように過酷な労働条件を強いられる人もいるだろう。そのような人たちは人間とは呼べないのだろうか。視点を返せば、家庭の温もりや豊かな教養に恵まれるほどに、私たちは人間らしくなるのだろうか。このとき心温まる家庭の思い出は自他を分ける差別の根拠となってしまう。これは空想科学に限られた話ではない。事実、現代社会は多くの人を人間以下におとしめることでなりたってきた。ビルの谷間に生まれ、ロボットのように特定の作業をこなすだけの人間は、すでにレプリカントの一種かもしれない。それは産業社会に生まれ落ちた世代にとって日常的な経験だろう。この作品の背景には、おそらく現代社会における故郷喪失の経験が影を落としている。スクリーン上の重苦しい未来都市のイメージに、私たちは奇妙な懐かしさを覚えないだろうか。科学技術で統治され酸性雨が降りそそぐ街。そこは故郷を失くした世代の故郷なのだ。

哀しみ——人間の証

レプリカントは故郷を奪われた存在である。工場製品である彼らには四年の寿命が設定されている。そこで彼らは寿命の延長を求めて地球社会へと潜入する。つまり『ブレードランナー』は技術社会の歯車に堕した存在が人間性を回復するための物語なのだ。それでは彼らの逃走劇に出口はあるのだろうか。

ここで美しいレプリカント、レイチェルが登場する。彼女は秘書用に作られた最新鋭機であり、ある女性の五歳時の記憶が植え付けられている。そのためレイチェルは自分を人間だと信じて疑わない。ところがデッカートは彼女の記憶を細部まで言い当て、それが他人から移植されたものであることを暴露する。この事実を突きつけられ、美しいレプリカントは部屋の中で立ちつくす。彼女の目から涙がこぼれる。たしかにレイチェルは工場の産物だった。それは、いくらでもコピーできる作り物だろう。だが彼女の目から流れる涙は、この時かぎりのものだ。彼女のこころが、哀しみにふるえている。人間の証として、これよりも確かなことがあるだろうか。その夜、デッカートとレイチェルは恋に落ちる。孤独な二人がベッドで抱き合う。観客はふれあう体の温もりを感じるだろう。孤独な夜の肌の温もり。それは生きている証に他ならない。

科学技術が人間を諸要素に解体し、再び人間へと組み立てる。そのような世紀に人間の根拠はどこに求められるのだろうか。作品の冒頭で示された家庭の記憶という根拠は不確かである。記憶が脳内の電気信号ならば、それは植え付けることもできるだろう。このアイデアは後にSF作品『トータル・リコール』(一九九〇年)で主題的に扱われることになる。人間の存在根拠は知性や言語や特殊な技能ではなく、むしろ痛みや哀しみといった素朴な感情に求められるのではないだろうか。だれかが痛み哀しんでいる。その感情は説明なしに、そばにいる人に共有される。それは直接的な人間の証なのだ。

作品の最後は、主人公デッカートと戦闘用レプリカント、バッティの一騎打ちで締められる。SF大作にふさわしい大活劇だ。そして、もちろん主人公の勝利で終わる。だが、この場面で深く印象に残るのは、死を前にした悪役バッティの長い独白だろう。彼は宇宙の彼方での苦役やオーロラを語り、そうした記憶のすべてが「雨の中の涙のように」(like tears in rain)消えていくという。そして、ゆっくりと息を引き取る彼のもとから、一羽の白鳩が舞い上がる。それは昇天する彼の魂だろう。この自分が人生の記憶とともに消えていく。それは、すべての人の最期の感慨ではないだろうか。生きてもがき、死んでゆく哀しみを語ったとき、レプリカントは人間になったのかもしれない。

ロボットの愛と悲しみ 『A.I.』(二〇〇一年)

スピルバーグのSF作品。少年型のロボット、デイヴィットの物語。作品の表題は「人工知能」(Artificial Intelligence)の略語であり、主人公の少年を意味している。まずは内容を確認しよう。

未来の地球では地球温暖化により海面が上昇し、多くの大都市が海に沈んでいた。この環境悪化により出産数も制限され、都市では資源節約のためにロボットが多用されていた。ヘンリーとモニカの夫婦には一人息子がいる。ところが息子は不治の病のために五年以上も医療用カプセルに保存されたままだ。そこでロボット製造会社は社員であるヘンリーのために、最新の少年型ロボットを試供することにした。このロボットは外見だけではなく、感情の細やかさまで人間と変わらない。それは意識下の世界を持つ夢見るロボットなのだ。初めモニカは少年型ロボットを拒絶した。母親にとって「子供の代用品などはありえない」。ところが一夜明けて食卓をともにすると、彼女の気持ちは変わり始める。生活は愛情を育む。少年ロボットの微笑みに子供を失くした彼女のこころは引き寄せられていく。

このロボットには七つのコードが込められていた。そのコードを入力すると、少年は入力者を親として愛するように設定されている。モニカはためらいつつも自分を母親として認識させる。こうして親子三人の新たな生活が始まった。ところが息子のマーティンが奇跡的に息を吹き返す。実子が家庭にもどると子供の序列が入れ替わり、養子のロボットは疎んじられるようになる。デイヴィットはマーティンへの嫉妬を隠せない。そしてマーティンが家庭用プールでおぼれかける事故が起きると、ついにロボットは廃棄されることになる。だがデイヴィットは他のロボットとともに逃走し、母の愛を求めて最果てへと旅していく。

ロボットの少年の愛情

この作品は難解な哲学映画として本国アメリカでは敬遠されたという。だが日本では母子の愛という主題が広く受け入れられた。たしかに愛は人間社会にとって普遍的なテーマだろう。愛の物語としてならば、作品の難解さはかえって多様な解釈を許容する。しかし、なぜロボットの愛なのか。それは社会の技術的到達点と関係している。愛は、それが育まれる社会によって形を変えていく。社会を形成するのは技術である。それは社会の外的な条件にとどまらない。人間の意識も通信や移動の手段で規定されていく。そのため愛や友情は社会の技術的条件によって形を変える。この技術の進歩とともに社会は変化してとどまらない。その先に何が待つのか。今はまだ空気中にぼんやりとした予感が漂うだけだ。この空気中に漂う予感に文学や映画は形を与える。ここにSFという表現形式の意義がある。そこで先取りされる未来は輝かしいものとは限らない。技術の発達によって生活は快適になった。その一方で地球は住みにくい場所になりつつある。未来に不安が抱かれるとき、SF作品は暗い影をおびることになるだろう。

近代はあらゆる事象を機械的に解体してきた。現代の常識では人間は身心ともにメカニズムに他ならない。そうであれば人間は原理的に個々の部品の総和として組み立てうるはずだ。そこに神秘が介在する余地はない。このような人間観は冒頭のロボット技術者の会議の場面で早々に示される。ここで登場する女性型ロボットは手の甲に長い針を突き立てられて悲鳴を上げる。彼女には痛覚が埋め込まれているからだ。これを技術者は「感覚を持つおもちゃ」（a sensory toy）と呼ぶ。この発言の延長上には、人間をおもちゃの一種と見なす思想が待ち受けている。女性型ロボットは技術者に愛の定義を問われて、「少し目を見開き、息を弾ませ、皮膚温度を上げること」と答える。これもまた愛は工学的に構成できると考える思想である。もちろん、このような見方では愛は十分に捉えられない。そこには関係の唯一性が欠けているからだ。そこで技術者は「真実に親を愛する子供型ロボット」を提案する。それを可能にする神経回路の新技術が開発されたというのだ。技術者にとって「人造人間の創造は科学誕生以来の人類の夢」だった。だが、この夢の実現は人間の存在意義を根本から揺さぶることになるだろう。

これまで技術革新は人間の意味を掘り崩してきた。すでにロボットは知性や運動能力において人間を凌駕する。ただ愛や悲しみだけは与り知らない。それは宗教的起源の感情とも言えるだろう。こうした感情の技術的獲得は、まだスクリーン上の仮定にすぎない。だが作品の設定は私たちに愛をめぐる真剣な思索を促す。それは愛するロボットという設定が社会の空気に漂う予感を先取りしているからだろう。母を慕うデイヴィット少年の表情は見る者のこころに迫る。それは子役の演技力だけに負うものではない。愛を知るロボットは新しい人間と呼べるのではないのか。このような未来像が可能なところまで人間社会は達してしまった。現代の技術的到達点において人間の意味を問い直す。それが、この作品の主題だろう。

人間の憎悪とロボットの悲しみ

二十世紀の後半、経済のグローバル化が進展した。小さな町にもチェーン店が立ち並び、世界中から供給された安価な商品が町にあふれた。そこでは人々は消費者や労働者として、巨大な経済システムに組み込まれていく。もはや人間はシステムの一部にすぎない。それは人間の尊厳が失われる危機だろう。こうした社会状況と並行して世界の隅々で古い民族主義が息を吹き返した。そこに人々は経済システムに侵食されない自己の根拠を求めたのだ。だが民族の神話は由来もあやしい。何が日本人であることを証するのか。それは中国人や朝鮮人ではないことだ。民族主義は他者を必要とする。それは他者を排斥することで存立するのだ。

いつかロボットが人間を凌駕する日が来るかもしれない。そのとき人間は自己の存在を脅かすものに憎悪を隠さないだろう。作品の前半ではロボットに対する人間の敵意が主題的に扱われる。最初の例はマーティンだ。医療用カプセルから生還したとき、家族には代用の子供ロボットがいた。それは生身の人間と区別できないほど精巧である。愛息の椅子はひとつしかない。かつての地位を確保するため、マーティンがロボットを敵視したのは当然である。彼は言葉に力をこめて「僕は本物だ」（I'm real）と主張する。人間は工場の産物ではない。交換できない一回限りの存在だ。それでは何が人間に実在性を与えるのか。またロボットには実在性への道は閉ざされているのか。この問いが作品を通底している。

デイヴィットは「すごいおもちゃ」（supertoy）である。それは生身の子供に限りなく近い。そこでマーティンは意地悪くロボットの「製造日」（build-day）をたずねる。見た目に違いがなければ由来に差異を求めるしか他にない。生まれの差別。それはあらゆる差別の最後の根拠だろう。この差別意識は作中で社会的に拡大していく。マーティンは誕生日のお祝いに友人たちを招待する。誕生日とは何か。それは人間として生まれ、今ここにあることを祝福する記念日である。そこには存在の唯一性が込められている。その意味で作品では誕生日と製造日が鋭く対比される。

ところが小さな招待客たちは最新式のメカにおどろきを隠せない。そのおどろきは攻撃性へと反転する。彼らは「メカ、オーガ」（mecha, orga）と唱えながらデイヴィットを取りかこむ。メカではなくオーガ（有機体）であることが人間の根拠なのだ。だがロボット技術に支えられ高度に組織された社会は、その全体がメカではないだろうか。事実、マーティンは五年間も医療用カプセルで眠っていた。もはやメカとオーガに構造的な差異はない。それだけに差別は執拗になっていく。差別とは怖れの裏返しに他ならない。

いじめの混乱のなかでマーティンがプールに落ちてしまう。事故の責任を問われて、少年型ロボットは廃棄されることになる。しかし母親の情けから、くまのおもちゃ、テディとともに森の中へと逃げていく。そこには廃棄された旧式のロボットたちが隠れていた。彼らは「廃品回収」から身を潜めているのだ。つかまれば「ジャンクフェア」（Flesh Fair）で処刑されてしまう。それはロボットを排斥する人間主義者たちの祝祭である。作品の前半はジャンクフェアの異様な熱狂で頂点に達する。

夜の闇を背景に派手なネオンサインが輝き、アメリカ国旗がたなびく。ステージでは、どくろのコスチュームのバンドがヘビーメタルをかきならす。そして一体ずつロボットが処刑されていく。火刑、斬殺、硫酸による溶解。そのたびに観客たちは勝利のこぶしを突きあげて、狂ったような歓声をあげる。このとき、もう一方の手にはビールや軽食が握られている。ここはフーリガンであふれるサッカースタジアムのようだ。あるいは俗悪な娯楽施設にも見える。ジャンクフェアは巨大なエンターテイメントに他ならない。

この場面には歴史上の差別の記憶が二重写しになっている。人種差別や異教徒の迫害。その集団的熱狂を制作者は視覚化したのだろう。あるロボットは檻の中で処刑を待ちながら、「歴史はくり返すのさ」と吐き捨てる。差別の構造においても、この場面は歴史を反復する。差別者の不安や憎悪は容易に自覚されない。彼らの根拠は正義なのだ。あらゆる差別は正義の主張で美化されていく。

人間主義者には神聖な目標がある。それはロボットに依存しない生命の時代を取りもどすことだ。その主張によれば、工場の産物は「人間の尊厳を侮辱する代物」である。「メカを追放せよ、人工物を追い出して浄化せよ」。これが彼らの合言葉だ。正義は残虐性を正当化する。こうして人間主義者はこころを失っていく。

ジャンクフェアの片隅に薄暗い檻がある。そこでロボットたちは処刑の呼び出しを待っている。あるロボットは仲間に痛みセンサーを切ってもらい、別のロボットは一時の友に別れを告げる。そこには最期に直面した者たちの連帯感がある。彼らは見るからに不具である。あるものは奇妙に六本足をばたつかせ、別のものは後頭部が欠けている。ロボットたちは宿命に従うしかない。廃棄されるメカの痛みと悲しみ。それが観客の胸に迫る。もしもロボットに別れの悲しみがあるのなら、その感情は何よりもたしかだろう。刑場に引かれていくとき、ある子守ロボットは「グッバイ、デイヴィット」と静かに微笑む。惜別の悲しみは生きていることの証ではないだろうか。こうしてスクリーン上で人間とロボットの立場が逆転する。

性愛と慈愛

ロボットを廃棄するジャンクフェア。そこからデイヴィット少年は運よく抜け出す。そして本当の子供になりたいという夢をかなえるために、地の果てへと旅していく。ここから物語の長い後半が始まる。

デイヴィットには二人の道連れがいる。ひとりは、ぬいぐるみのテディ。母の家から一緒に逃げてきた仲間だ。もうひとりは女性を愉しませるセックスロボットのジョー。ジョーは勝手知った巨大な歓楽街へとデイヴィットを案内する。そこには礼拝堂があり、その正面には「汚れなきこころの聖母」（our Lady of the immaculate Heart）が据えられている。聖母像は慈悲の眼差しで地上を見下ろす。それを仰ぎ見て、ジョーは「ロボットを造ったものたちも、つねに自分たちの造り主を求めている」という。

巨大な時計仕掛けのような社会で人間は存在の意味を見失い、無垢な愛を求めている。それは母の愛を求めるロボットの少年と変わらない。少年は子供のいない家庭を慰めるために造られ、そして棄てられた。この少年の境遇に自分を重ね合わせる観客もいるだろう。現代の都市生活者の延長上に主人公のロボットは設定されている。

デイヴィットの希望には、淡い根拠がある。それは、かつて母親が読んでくれたピノキオの物語である。ピノキオは炉の薪にされる運命にある。しかし努力を重ねて、最後にはブルーフェアリーの魔法で人間となる。それ以来、少年はブルーフェアリーに会えれば自分も人間になれると信じるようになった。彼は歓楽街でフェアリーに出会える唯一の場所を聞き出す。それは「世界の果て」(the end of the world)にして「夢の生まれるところ」(the place dreams are born)だという。この世界の果ての夢という表現は正確である。デイヴィットが人間の子供になりたいのは、ただ母に愛されるためだ。それは彼だけではなく、あらゆる子供のこころの願いだろう。しかし、無条件の愛は現実には得がたい。この作品でブルーフェアリーは聖母のイメージに重ね合わされている。聖母の慈愛。それは人間世界を遠くへだてたところに夢見られるしかないのだろう。

世界の果てに海に沈んだ都市がある。そこでブルーフェアリーが待つという。目的地は定まった。ところがジョーは出発をためらう。なぜなら彼は無垢の愛など信じていないからだ。むしろ歓楽街の安逸の方が好ましい。そのためネオンの街にとどまるようにデイヴィットを説得する。「他のロボットと同じように、君も特定の目的のために設計されて造られたんだ(You were designed and built specific like the rest of us)。君が棄てられたのは、あいつらが君に飽きて、新しいモデルと交換したからさ」。無垢の愛などは何処にもない。これが彼の信念だ。それはまた社会の事実だろう。おそらく制作者はデイヴィットの道連れとして意図してジョーを設定した。このセックスロボットは女性の快楽の道具である。それはより良質な快楽のために、いつかは廃棄される定めにある。両者が道連れとなることで、性愛と慈愛が対比されるのだ。

ジョーの主張と経験は現代人に親しい。それでは聖母の慈愛は虚構にすぎないのだろうか。たしかに、それは地上では実現しがたい。少年が求める愛は水平線の彼方の光のように、ただ視線の先にしか見出されない。現代社会では、あらゆるものは何かの目的に役立つことで価値をなす。そして役割を果たせば、ほどなく捨てられていく。かりに、あらゆるものがそのままに受け入れられる場所があるならば、そこには無垢の愛がある。そのとき、あらゆるものは本来の輝きを取りもどすだろう。デイヴィットは愛を探している。その旅には、あらゆるものに失われた真実性を取りもどすという意味が込められているのではないだろうか。

デイヴィットとジョー。二人は慈愛と性愛を体現している。日常的に両者は絡み合い見分けがたい。それでも両者は峻別されねばならない。そのために二人は道連れとなり、そして別れることになった。

世界の果ての愛

海の彼方に廃墟がある。ジョーは特殊ヘリの操縦士としてデイヴィットを送り届けると、作品の表舞台から去っていく。ここから先は少年は一人で行かねばならない。ただしテディだけは最後まで旅連れである。ぬいぐるみは主人公の童心を表現しているのだろう。この後半部では、ほとんど物語は進展しない。ただ愛をめぐる思索が映像化されていく。この作品が難解とされる理由のひとつである。

まずデイヴィットは自分のコピーに出会う。完全な複製が存在するということは、自分もオリジナルではないということだ。彼は現実を否定するように「僕は特別で唯一だ」(I'm special and unique)と叫び続ける。そして目の前のデイヴィット・ロボットを叩き壊す。

次に少年は彼自身の製造現場に案内される。そこには何体もの試作機が並べられていた。生気のない人形と部品の数々。ここが彼の生まれた場所だ。デイヴィットは絶望して視線を落とす。施設の外には荒涼とした大海原が広がっている。それは彼のこころの風景だろう。風に吹かれた枯葉のように、少年は希望を失くして海原へと身を投げる。

そこにジョーが再度現れ、デイヴィットを特殊ヘリで救い出す。それから少年はジョーと別れ、特殊ヘリで海中へ潜っていく。その青黒い底には遊園地の廃墟があった。ピノキオのテーマパークだ。そこでデイヴィットは探し続けたブルーフェアリーをついに見つける。その姿は聖母そのものだ。深い海の底で永遠に微笑む聖母像。デイヴィットはフェアリーに祈り続けた。「僕を本当の子供にして(Please make me a real boy)。ママに愛されて、いつまでも一緒にいられるように」。

この祈りが実現するには人間世界をはるかに遠ざかる必要があったのだろう。ヘリの操縦室で少年は凍りつき、深い眠りに落ちていく。それから二千年の時が流れた。そこに未来の異形のロボットたちが現れて少年を救い出し、わずかな記憶の痕跡から母親モニカを再生する。こうして母子の幸せな一日が実現する。長編作品の最後の場面である。

はるかな未来のささやかな家庭。まだ母親は状況がわからない。そこで今日は何日かと愛息にたずねる。デイヴィットは幸せにつつまれて「今日は今日だよ」(It is today)と答える。明日に望むものは何もない。すべてが、そのままに満ち足りているからだ。モニカはデイヴィットの誕生日を祝う。それは彼の存在が初めて祝福されたときだった。ケーキのろうそくを吹き消すとき、母親は息子に望みを聞く。少年は母親を見つめ返して「もう願いはかなったよ」(It came true already)と答える。この作品で、もっとも美しい場面である。

こうして奇跡の一日が終わる。子供はベッドで母親に抱かれたまま、「生まれて初めて夢の生まれる場所へと帰っていった」(for the first time in his life, he went to that place where dreams are born)。そして親子は永遠の眠りにつき、作品は温もりに満ちて溶暗する。

この最後の場面は歴史的現実の延長上にはない。ここは物語の流れからも逸脱している。デイヴィットが海底でブルーフェアリーに祈りつつ息絶えたとき、すでに物語は終わっていたのだろう。そこで終幕しても作品は現代における愛の思索に寄与したに違いない。だが最後の場面を付け足すために、未来のロボットの善意という強引な設定が行われた。

それでも、この場面は深い印象を残す。それは少年が求め続けた無垢の愛が具体化し、私たちのこころの底の願いに気づかせるからだろう。それは息を引き取る少年が見た最後の夢だったのかも知れない。人類が滅んだ二千年後の地球。この遠大な距離が、すでに最後の場面が歴史的現実の彼方にあることを告げている。ただスクリーンの上で無垢の愛は実現する。それが地上を遠くはなれた出来事であることは、たしかである。

Ⅱ　世界の崩壊

消費社会を徘徊する死者たちの物語　『ゾンビ』（一九七八年）

パソコンで「ゾンビ」と打ち込み検索すると、数え切れないほどの作品名が画面にならぶ。『女子高生ゾンビ』『ゾンビ自衛隊』『ゾンビの盆踊り』など、なかには受け狙いではないかと思わせる映画の表題もある。それほどにゾンビが登場する作品は数多い。これらの作品では、死者たちが都市をさまよい、生者を襲い、異常に増殖し、文明を崩壊させる。こうしたゾンビのイメージを決定したのがホラーの巨匠ロメロである。最初の作品『ナイト・オブ・ザ・リビングデッド』（Night of the Living Dead 一九六八年）は興行的に失敗。だが、この作品で現在に至るゾンビのイメージが作られる。さらに『ゾンビ』（Dawn of the Dead 一九七八年）は国際的に成功し、その後、世界中のスクリーンで死者たちが徘徊する端緒となった。ここでは後者によりつつ、しばらく生ける死者たちと思索をともにしたい。

現代のゾンビの始まり

作品はフィラデルフィアの放送局から始まる。冒頭、建物の中は大混乱だ。全米で異常事態が発生し、警察や病院も次々と機能を停止している。スタジオでは専門家が現状を分析するが、死者が復活するという事実をだれも受け入れられない。ただ状況だけが刻々と進行し、ゾンビが加速度的に増えていく。この状況に見切りをつけて、恋人のフランとスティーヴは現場から逃走を試みる。この二人に警察の特殊部隊に所属するピーターとロジャーが加わり、四人はヘリコプターでテレビ局の屋上から飛び立つ。彼らが給油地をへて降り立ったのはショッピングモール。そこは、すでにゾンビの巣窟となっていた。だが商品は、まだほとんど手つかずのままだ。そこで彼らはゾンビの侵入を防ぎつつ、上層階に住まいを確保する。こうして楽園のような消費生活が始まる。それは外からの略奪者たちとゾンビが乱入するまでの束の間の幸せだった。

そもそもゾンビとは何者なのか。このアイデアの原型はアフリカの民間信仰に由来する。本作でも登場人物の一人、黒人のピーターが司祭だった祖父から聞いたブードゥー族の話を語る。それによれば「地獄が満員になると死者が地上を歩く」のだという。だが作中の死者たちは、もはやアフリカの民間信仰とは関係がない。彼らは人間を襲いゾンビ化させる。あるいは温かい人肉を骨の髄まで喰らう。これはアフリカの死者信仰にはない特徴である。最近のゾンビ映画には攻撃性の増大など新たな特徴も加わっているようだが、その性質は本作で制作者が規定した路線から外れてはいない。世界中のゾンビたちは基本的に本作のイメージのコピーである。

なぜゾンビというイメージが世界中で受け入れられたのだろうか。死者が都市を歩き回る。このあり得ない設定に人々が惹きつけられたのは、なぜだろう。ここには、ある種の社会心理が想定される。ゾンビの不気味さ。それはスクリーンの死者たちが現実の裏面を垣間見させるからではないだろうか。その意味でゾンビとは現代社会が生み出した化け物である。おそらく、ここには二十世紀後半の社会経験が反映している。

作品ではゾンビの発生について何の説明もなされない。科学者が感染症の可能性を示唆するが根拠はない。専門家は放送時間を埋めるためにコメントを並べているだけだ。すでに冒頭でゾンビは大発生している。観客は何が起きているのかわからない。作中人物たちは、なすすべもなく異常事態に飲み込まれていく。この導入において放送局から始まる作品の設定は巧みである。建物の中をカメラが移動する。そこに映るのはスタジオの周辺を動き回る放送局の関係者だけだ。だがテレビ局には全米の情報が集約されている。各地の音信は途絶え、刻々と事態が悪化していく。この限定された空間において全米の緊迫した状況が手に取るように伝えられるのだ。

少なからぬＳＦやホラーでは異常事態の原因が突き止められ、事態は解決へと進む。ところが、この作品では原因の追究や解決は求められない。ただ登場人物たちは一方的に異様な事態に直面する。その経験の可視化が作品の意図ではないだろうか。たとえば大都市に不慣れな人がスクランブル交差点に放り込まれたら、どうなるだろう。とりあえず方向もわからぬまま、群集をよけながら動き回るしかないだろう。こうした都市の経験にホラー映画という異形の表現が与えられているのではないだろうか。

作品の主要な舞台は放送局とショッピングモール。そこは情報と商品の集積地である。現代社会の二大要素ともいえるだろう。特にゾンビたちはショッピングモールを好む。それは生きていたときの記憶に導かれているのだという。つまりゾンビたちは、かつて買い物客だったのだ。これは怖ろしい裏読みへと誘う設定ではないだろうか。もしかしたら、現代の買い物客はすでに一種のゾンビなのかもしれない。

ゾンビという孤独な群集

本作の制作者が商業施設を舞台に選んだのは、なぜだろう。近代的なショッピングモールは一九二〇年代に始まる。それは次第に大型化し、一九五六年にはミネソタで現代のモールの原型にあたる施設が登場した。多数の店舗に遊興施設とレストラン。外部には巨大な駐車場が整備され、多くの人が遠方からクルマで乗りつける。建物の中は快適だ。店内は空調で管理され、真冬でも外気を忘れて過ごすことができる。ショッピングモールには宿泊施設以外は何でもある。そこで一日を過ごすということは、商業施設に規定された新しいライフスタイルが始まるということだろう。

アメリカの映画産業で現代のゾンビが生まれたとき。それはショッピングモールがアメリカの風景に溶け込んだ時期だった。そこでは人種も性別も年齢も問われない。ただ、お金を差し出せば、店員はあらゆるサービスを平等に提供する。これが小さな商店ならば店主と客は挨拶くらいするだろう。いわば商品にそえて言葉とこころが交わされるのだ。そんなことは大型店舗では求められない。だれがショッピングモールで天気の話をするだろう。客と商品は工場の流れ作業のように処理される。店員の笑顔はマネキンのように無機質だ。貨幣が統治する世界。そこではモノとサービスだけが滞りなく流通し、それ以外のコミュニケーションは廃絶される。こうして貨幣に親しむほどに人間は他者との関わりを失くしていく。

本作ではゾンビがショッピングモールに群がる。まるで週末の大売出しのような賑わいだ。ところが彼らには相互のコミュニケーションが何もない。ふれあうほどの近さでも決して視線は交差しない。もちろん言葉や微笑みを交わすことなどありえない。これが死者たる所以だろうか。皮膚に血の気はなく目はうつろ。まるで感情のない人形のようだ。ところがゾンビには強烈な欲求がある。それは温かい人肉を喰らうことだ。生ける死者たちは人肉を求めて恥じらいもなく行動する。彼らは他人の視線など気にしない。それは単純な欲求に突き動かされているからだ。おそらくゾンビが仲間と連帯する作品などはありえない。ゾンビは孤独な群集である。

このゾンビのあり方は都会の群集を模しているのだろう。大都市の住人は目的志向的に行動する。仕事へ、買物へ、歓楽街へ。アスファルトを急ぐ足は直線的に目的地をめざす。食事や休息さえ次の目的のために位置づけられる。そこに他者が受容される余地はない。地下鉄では体がふれ合うほど混んでいても、だれも口を利かない。かりに満員電車で向き合う人に挨拶したら狂人扱いされるに違いない。そこでは人々は互いに無関心だ。名もない人々が無表情に移動する。それは「生ける死者たち」(the Living Dead)の世界ではないだろうか。実は地下鉄に乗り合わせているのは、すでに生ける死者なのだ。かつてゾンビは都会の住人だった。それは都会の住人が、すでにゾンビだったからだろう。

ゾンビという死後に生き返る化け物。ここには死んだように生きる者たちへの風刺が込められている。黒澤明の『生きる』(一九五二年)では、主役の男はミイラと呼ばれていた。それは市役所で定年を待ちながら、まるで死者のように書類をこなしていたからだ。この男は、だれにも危害を加えない。もしも彼が他者に危険を及ぼすなら、ミイラではなくゾンビと呼ばれてもよかっただろう。だが現実にはゾンビならぬミイラたちも増殖し、この社会を変質させてきたのではないだろうか。これらの映画に登場するゾンビやミイラは都市に生きる人々の別称である。

本作でゾンビは人類の脅威となる。彼らは加速度的に増加して文明社会を滅亡させる。ここには二十世紀後半に台頭した、ある種の人間類型が示唆されている。人間とは何か。その答えは時代と社会によって変わるだろう。二十世紀後半に人間は消費者となった。あるいは本作に即していえば、人間とはショッピングモールで買物するゾンビと呼べるかもしれない。アメリカを発祥地とするショッピングモールは現在、アジアから中東まで広がっている。つまり大型の商業施設で一日を過ごすというライフスタイルが世界中で受け入れられているのだ。

消費社会の完成

人間が消費者となる社会。この世紀の事件を作品は映し出す。主人公たちはヘリコプターで街を離れ、ショッピングモールに漂着する。すでに店の外にはゾンビの大群が押し寄せていたが、まだ商品は手つかずのままだった。このモールの場面は奇妙に明るい。おしゃれな衣装、高級腕時計、ウィスキーにスナック、大きなチーズ、キャンディのつかみ取り。彼らは山ほどの商品を手にして笑いあう。この作品に「怖ろしいけど楽しそう」という感想が寄せられるのは、よくわかる。館内には明るい音楽が流れ、ときおりタイムセールの案内が放送される。そして、ついにゾンビたちが店内に侵入する。ジーンズにTシャツ、ヒッピーにカウボーイ、看護婦に尼僧。かつてのままに装いもさまざまだ。ゾンビたちは店内を歩き回り、人肉を見つけるとフライドチキンのように貪り喰う。これはホラーであり、そしてまたファストフードの日常の風景なのだろう。

この消費の楽園で主人公たちは生きる意欲を失くしていく。ピーターは屋上でスカッシュに打ち込むが無気力を隠せない。ただひとりボールを追って楽しいわけがない。フランはスティーヴの求婚を拒絶する。その理由は「そんな気持ちにはなれない」からだ。ここに消費社会における他者関係の希薄化を見ることはできないだろうか。同じことは作品の設定に従うならば人間のゾンビ化と呼んでもいい。主人公のうちロジャーとスティーヴは、実際にゾンビとなる。その遠因は関係の喪失ないし非人間化にある。ロジャーはゲームのようにゾンビを殺戮し、スティーヴは略奪者の侵入に際して物欲に我を忘れた。他者とのつながりを失くしたとき、彼らはゾンビとなる定めにあったのだろう。

作品は暗澹たる結末を迎える。すでにテレビ放送は三日前から止まっている。ただ画面にはノイズが流れ、人類社会の滅亡が暗示される。最後に残されたピーターとフラン。彼らは人類の末裔となるのだろうか。早朝、屋上から飛び立つヘリコプター。それを無数のゾンビが見上げている。作品の表題通り「死者たちの夜明け」(Dawn of the Dead) である。ところが制作者の草稿では、二人も命を落とし、あとにはゾンビだけが残ることになっていた。それを裏書きするようにエンドロールの背景ではショッピングモールを占拠したゾンビたちが徘徊する。まるでコメディ作品の結びのような愉快な音楽。ゾンビたちはスケートリンクを楽しげにすべり、買い物客よろしく店内を見て回る。それは消費社会の完成を意味している。

作品が溶暗したとき、観客は何を思うのだろうか。真実のホラーは映画館では終わらない。映画館の外には、消費と歓楽の街が広がっている。外の通りに出たとき、おそらく街の日常の底に作品が二重写しになるのではないのか。それが本当のホラーかもしれない。

資本主義を転覆する意識下の暴力　『ファイトクラブ』（一九九九年）

不特定多数の主人公

青白い都会の夜。広い窓ガラスの向こうには、いくつもの高層ビルが並んでいる。突然の爆発。そしてビルが次々と崩れていく。まるで華やかなショーのようだ。この最後の場面を眺めながら、私は「アメリカ自身による9・11」とつぶやいた。作品の制作は同時多発テロ事件の二年前。この作品は、その後の出来事を予見していたのだろうか。もちろん9・11をそのままなぞるような作品ではない。『ファイトクラブ』には中東の独裁者やイスラム過激派は登場しない。物語の舞台はアメリカ。スクリーンに現れるのもアメリカ市民である。この作品では資本主義の論理が視覚化されていく。それは社会の底流で渦巻く巨大な暴力を抑圧する装置である。その後も資本主義は中東やアフリカを巻き込み世界的に拡大してきた。それはこれからも巨大な暴力の地下熱を蓄えていくことだろう。テロは9・11では終わらない。この作品には世界的に拡大する資本主義社会の現在が示されている。

主人公は大手自動車会社の社員。自宅は都心のマンションの十五階にあり、高級な北欧家具を買いそろえるのが彼の趣味である。仕事から帰れば、トイレでも家具の通信販売のカタログをめくっている。金に困らない独身サラリーマンの生活である。商品の海を自由に泳ぐ。それは資本主義社会を生きる人々の夢だろう。今や世界は商品で埋めつくされている。これからは宇宙探査にもスポンサーが付くと主人公はつぶやく。「ＩＢＭ探査船、マイクロソフト銀河系、スターバックス惑星」。それは今では映画館の外の日常だろう。

ところで主人公には名前がない。それは彼を一人称話者として作品が進行するからだ。彼は、ただ「僕（Ｉ）」と自称する。作品が彼の視点から描かれるかぎり、たしかに主人公に名前は必要ない。だれかに自分の電話番号を教えるときも、紙切れに彼の名前はない。相手に名前を問われても彼は答えない。この設定には隠れた意図がある。主人公は資本主義社会を生きる不特定多数の僕なのだ。『ファイトクラブ』は商品の海を泳ぐすべての人々のための作品である。

不眠の理由

金と地位と他人もうらやむ住まい。ところが彼にも悩みがある。それは不眠症である。不眠が続くと「すべてがコピーのコピーのコピーのようになる」(Everything is a copy of a copy of a copy)。どこにもオリジナルがない。それは主人公が「北欧家具の奴隷」であることと関係している。彼の住まいは通信販売の家具だらけ。カタログで組み立てた住まいは、カタログと住まいのどちらがオリジナルなのかわからない。新しい家具が届いても、どこかで見たような既視感が付きまとう。職場でも同僚はみんなスタバのコーヒーを手にしている。いったい、だれが、だれのコピーなのだろう。

現代社会では存在が輪郭を失う。夜が昼になり、昼が夜になる。そのため彼は「眠りが浅く、起きていても、はっきりしない」。さらに「あらゆることに、たしかさがなく、あらゆることが遠ざかる」。現実感の喪失。それが都会の不眠症の理由である。今夜も彼はソファで呆けたように深夜放送を眺めている。どうすれば生の実感を取りもどすことができるのだろう。

不眠の治療のために主人公は精神科を受診する。ところが医者は睡眠剤を出してくれない。一時しのぎの薬よりも、本当の苦悩を知るべきだと医者はさとし、がん患者の会を紹介する。それは名医の処方だったのかもしれない。深い絶望に落ちた人々の言葉を彼は聞く。その表裏のない言葉には現実感があった（「見知らぬ他人の告白は僕のこころをゆさぶった」）。患者たちの絶望とともに彼のこころは奈落に落ち、そして、よみがえる。そのとき、こころに教会音楽が鳴り響く。こうして彼は眠れるようになった。

主人公は患者サークルのとりこになる。胃がん、皮膚がん、睾丸がん、結核、血液感染、過食症。あらゆる患者の集まりに彼はもぐり込む。もちろん自分は病気ではない。だが集会では黙していれば、病状が重いと誤解された。ところが、夜ごとの集会遍歴は彼自身の内側から瓦解する。あるとき奇妙な女が集会に現れた。マーラ・シンガー。サングラスにタバコをふかし、どう見ても患者ではない。しかも睾丸がんの集まりに平気で参加している。彼は彼女を見物人（tourist）と呼び、軽蔑する。ところが、この女を見ると、どうしても落ち着かない。それは彼女の姿が自分と二重写しになるからだ。ある集会での瞑想の実践のときのこと。主人公が自分のこころの洞窟にわけいると、そこにはタバコをふかすマーラがいた。彼女が自分の分身であることに彼は気づく。

こうして彼はまた眠れなくなる。それは他ならぬ自分も見物人（tourist）であることに気づいたからだ。あるとき彼女は集会回りの理由を「映画より安くてコーヒー付き」と説明する。それは経済の発想に他ならない。彼にとっても集会回りは他人の絶望を利用して安眠をむさぼるためだった。それは体験型商品の一種のようなものだ。他人の絶望は本物でも、それを眺める自分は偽物である。そう気づいたとき集会の効果は消えたのだろう。彼はマーラと集会を山分けしようとするが、それもうまくいかない。ほどなく彼は集会回りをやめてしまう。

資本主義社会の日常は商品で埋めつくされる。かりに週末に海山へ逃れても、それも仕事日の活力へと組み込まれる。それでは、たしかな現実はどこにあるのか。こうして主人公は非日常へと逸脱していく。それは資本主義に対するテロと暴力の世界である。

無意識から立ち現れる分身

主人公は大手自動車会社のリコール担当。事故現場の調査のために、全米を飛び回っている。本当の目的は欠陥車を隠蔽すること。それは資本主義の綻《ほころ》びを繕《つくろ》うような仕事だろう。おかげで今日も工場は何事もなく稼動していく。彼の出張は消費社会の縮図である。旅客機で提供されるものは何であれ一回分（single-serving）。おつまみ、飲み物、機内食。宿泊先の石鹸やタオルも同様である。人間関係も使い捨て。「一回分の友人」（single-serving friend）だと彼はつぶやく。

あるとき主人公は座席にもたれて旅客機の空中衝突を夢想する。その衝撃的な情景は彼の密かな願望かもしれない。この作品では巨大な爆発場面が三度ある。それらは資本主義社会の崩壊を暗示しているのだろう。ここではまだ、それは彼の妄想である。出張中の事故は保険金が三倍になるという。そんなことを考えて彼は一人で楽しんでいる。この矛盾した発想は主人公だけのものではないだろう。きらびやかな商品の輪舞に目を奪われつつも、その果てしない輪廻にはうんざりしている。こんな社会はもう終わりにしたい。それが少なからぬ人々の心理ではないだろうか。

あるとき彼は飛行機で隣に坐り合わせた男と知り合いになる。上等なスーツを粋に着こなす伊達男。タイラー・ダーテン。各地で高級石鹸を売り歩いているという。その商品は実は痩身クリニックで廃棄された脂肪を原料に製造されている。そうとは知らない裕福な女性たちが争うように買い求めているという。女性たちは美を追い贅肉をそぎ落とす。それが石鹸となり女性たちに送り返され、彼女たちの肌で泡となる。それは人間が人間を消費する社会への悪趣味な風刺だろう。気づけばタイラーは彼と同じカバンを手にしている。自分とは異質だが気になる男。主人公は次第にタイラーに惹かれていく。

空港から自宅にもどると、恐るべき光景が待ち受けていた。高級マンションの十五階、彼の住まいが爆破されていたのだ。彼は仕方なく知り合ったばかりのタイラーを呼び出して、一夜を飲み明かすことになる。この男が何者なのか、まだ彼は知らない。ようやく作品の最後で、マンションを爆破したのはタイラーであることが明らかになる。この作品の脇役たちは実は主人公の分身である。特に重要なのはマーラとタイラーである。この二人を通して彼は自分の意識下の欲求に気づいていく。

タイラーは二枚目でたくましい。その身体は野獣のようだ。まるで主人公の憧れを絵にしたような男である。タイラーは消費文明をあざわらう。「仕事が何だ、クルマが何だ、おまえは自分の財布の中身ではない」。その社会批判の鋭さに彼は惹きつけられていく。ところが彼の日常は反対に「宣伝に駆り立てられてクルマや衣服を追い」、「自分の所有物に所有されている」。主人公のマンションは、まるでカタログの見本市。そこは見た目とは裏腹に不愉快な場所だった。何よりも生きる実感が失われている。この不愉快な場所を吹き飛ばしてくれたのがタイラーだった。

現代社会は快適である。まるで街全体が巨大なマンションのようだ。だれもが生身の体を生きているのに、路上で汚物を目にすることはない。素手でつかみ合うような野蛮もほとんどない。それは日常の表層から身体性が抑圧されているからだ。これを回復するために都市ではスポーツという装置が提供される。そこでは身体は牙を抜かれた商品となる。

タイラーはスポーツジムの広告をあざわらう。彼は美しい野獣である。資本主義を打倒し、失われた身体性を取りもどす。これが彼のプロジェクトである。現代社会で身体が抑圧されるほどに、彼の使命は暴力性をおびる。抑圧された地下のマグマはいつか必ず噴出する。この暴力の必然性が作品をつらぬいている。

ファイトクラブの始まり

一夜を飲み明かすと主人公はタイラーに宿を乞う。すると彼は謝礼に自分を殴れという。ためらいつつも拳をぶつけると、それは素手の殴り合いへと発展する。暗い居酒屋の外で格闘する男たち。それは意外にも長く忘れていた心地よい感覚だった。それから二人は時折、殴りあうようになる。すると他の男たちも集まり始め、夜更けの殴り合いが日常の風景となる。一対一の徒手の組み合い。

労務者からネクタイを締めたサラリーマンまで、男たちは格闘に興じる。彼らは勝ち負けにはこだわらない。戦いが果てると男たちは肩を抱き合い、親しげに言葉を交わして去っていく。

しばらくするとタイラーは居酒屋の地下に場所を移して、新たな掟を定める。最大の掟はクラブのことを口外してはならないこと。この設定は作品全体にわたり重要である。あらゆる意味でファイトクラブは裏社会の存在である。クラブは暗い地下にあり、社会と背中合わせの関係にある。どれほど集まりが大きくなっても、それは公然の秘密とされる。男たちは路上で顔を合わせても、見知らぬ顔で通り過ぎる。表社会の涼しさは血まみれの暴力とは相容れない。社会に抹殺された身体性。それが地下のファイトクラブでうごめいている。

タイラーはクラブを体現する。彼は夜型で「他人が眠るときに働く」。それは意識下の存在を意味するのだろう。さらに彼は石鹸商の他にも仕事を掛け持ちしている。たとえば映画館の映写技師。家族向けの子供映画にポルノの映像を紛れ込ませるのがお気に入りの悪戯だ。平穏な家庭の底にも暴力的な性が潜んでいる。それは日常が目を逸らす意識下の事実だろう。タイラーによれば「家庭にあるもので、どんな爆弾も製造できる」（One can make all kinds of explosives with simple household items）。テロや暴力は遠い国の話ではない。あらゆる爆発物の材料は日常にある。平穏な毎日が暴力を発酵させているのだ。

この作品の主人公は資本主義社会の勝者である。お金はある、地位もある、日々の生活には困らない。どうして彼に社会への敵意が芽生えたのか。それは社会システムの閉塞感だろう。日用品をクレジットカードで決済する。このような日常の所作さえ、からくりが見通せない。都市は巨大な機構として屹立し、人々を疎外する。そこには生きている実感がない。この社会システムが音を立てて崩れたら、どれほど気持ちいいことだろう。ビルの街が崩れ落ち、瓦礫となる。その荒野は、どれほど開放的だろう。資本主義の日常の底には、これを一気に転覆する力が蓄積されている。しかし、社会を転覆する暴力には、次の社会を建設する設計図を引くことはできない。資本主義の敵対者には、すでに資本主義の相貌が刻まれている。彼らは敵対する社会を反復することになるだろう。

主人公は高級マンションを失い、タイラーの住まいに転がり込む。そこは近くに工場があるだけの無人の地区。床はきしみ、階段も腐りかけ。水は濁り灯りも気まぐれに点くだけの廃屋である。タイラーは社会の裏の存在だ。地下、夜、無意識、廃墟。これが彼の属性である。ここをマーラが訪れるようになる。彼女は薬物におぼれ、主人公とタイラーに助けを求めた。快楽におぼれる女性の行く末は目に見えている。マーラとタイラーは家屋を揺るがせて抱き合う。それは睦みあう性というよりも、ほとんど野獣の組み打ちである。

この二人の関係は作品の逸話のひとつにすぎない。だが、ここには作品の主題が反映している。マーラとタイラーの関係には社会的儀礼がない。こころの通い合いも意図してそぎ落とされている。そこには剝き出しの肉体があるだけだ。男と女は名前のない肉体の塊に落ちている。ところが二人は決して悪びれない。まるでスポーツの競技者のようにさわやかである。それはファイトクラブの男たちにも通じている。彼らは何の遺恨もなく格闘する。そこには身体のぶつかり合いがあるだけだ。裸の体。性と暴力。それは社会が表面下に抑圧したものだろう。その代償として社会はポルノやスポーツの興行を提供する。だがファイトクラブは商品化を拒絶する。それは地下のマグマとして社会の表面に噴出するのだ。

テロリズムの無名性

ファイトクラブの基本思想は身体の賛美である。この思想の反社会性は明らかだ。創始者タイラーによれば「ファイトクラブは始まりに過ぎない」。こうしてクラブは作品の後半でテロ組織へと発展する。裏通りの廃屋は秘密基地となり屈強な男たちが集結する。彼らは髪を剃り上げて黒ずくめ。そして名前を持たない。タイラーによればガソリンとオレンジジュースでナパーム弾が作れるという。あらゆる爆発物の材料は日常にある。この思想に従い、男たちは爆発物を製造する。その攻撃目標はクレジット会社の本社ビル。なぜなら「借金の記録が消えれば、みんなゼロにもどれる」からだ。その廃墟の向こうには、どんな風景が見えるのだろう。テロがもたらすグランドゼロ。その先の世界は作品では描かれない。顔と名前のない集団に新しい世界を建設することはできないからだ。

ブランドが氾濫する資本主義。そこで人間は商品に仕える奴隷となり、自分の存在を見失う。これに抵抗して自己の身体を回復する運動がファイトクラブだった。その意味でタイラーは「俺たちの大いなる戦いは魂の戦いだ」（Our great war is a spiritual war）と宣言する。だが批判者は批判の対象に相似する。過度な肉体の賛美は人間を肉体だけの存在におとしめていく。すでにタイラーとマーラの性には肉体の無名性があった。この特徴はファイトクラブを母胎とするテロ組織へと引き継がれていく。

ついにテロ計画で最初の犠牲者が発生する。それは主人公が患者の会で知り合った友人だった。本来、テロリストにも一人の人間としての顔がある。彼は友人の死に直面して人間の尊厳を訴える。ところが組織の男たちは、この訴えを理解しない。彼らは犠牲者の名前を連呼して、これを殉教者を意味する一般名詞へと祭り上げてしまう。テロ組織の構成員には名前がない。この無名性は攻撃の無差別性へと通じている。この無名性を原理として運動は顔のない化物《ばけもの》へと成長していく。

主人公は計画の拡大に危機感を覚える。彼は全米で活動を組織するタイラーの後を追い、ホテルの一室で対峙する。そこで暴かれたのは驚くべき事実だった。タイラーは彼の意識下の欲望が生み出した幻影であり、両者は同一人物だったのだ。マンションの爆破からファイトクラブの創設まで、すべては彼の隠された欲望の実現だった。マーラとの愛欲も彼自身の所業だったのだ。主人公は自己の同一性を取りもどすためにタイラーと格闘する。こうして作品は終局へと急展開していく。

主人公には名前がない。そもそも彼は商品の海を泳ぐ不特定多数の一人だった。その無意識の所業に無名性が付きまとうのは当然である。それでは、どうすれば名前を取りもどすことができるのか。最後に作品は示唆を与える。主人公は自分の喉を撃ち抜き分身との争いに決着をつける。だが、時すでに遅くビル街の爆発が始まろうとしていた。そこにマーラが現れる。これまで二人には野獣のような愛欲しかなかった。だが最後に二人はカメラに背を向け、そっと手をつなぐ。その向こうでビル街が崩れ落ちていく。この作品で愛の関係が示唆される唯一の場面である。手をつなぐ二人の姿は名前を呼び合う関係の始まりを意味するのだろう。

ところが制作者は最後に悪意を見せる。手をつなぐ二人を背景に作品が溶暗するとき、ほんの一瞬、男性の下半身の映像が示される。それは暴力的な性の比喩だろう。暴力の権化であるタイラーは無意識に潜む。それは主人公とマーラの愛の関係にも忍び込むはずだ。子供映画にポルノ映像を紛れ込ませたタイラーの悪意。彼は制作者の分身だったのかもしれない。この作品は暴力が愛を飲みつくす現代の似姿であり続けるに違いない。

狂気の世界とユートピア　『生きものの記録』（一九五五年）

主人公は中島喜一、七十歳の老人である。東京の下町に一代で鉄工所を築き、今は息子たちに経営をゆだねている。彼はしばらく前から、ある想念に苦しめられている。それは水爆の恐怖だ。それは特異な個人の妄想ではなく、現代史の一時期に社会全体で共有されたイメージだった。作品制作の前年にはアメリカのビキニ環礁における水爆実験（一九五四年三月一日）で第五福竜丸が被爆。これを受けて翌年には第一回原水爆禁止世界大会（一九五五年八月六日）が開かれている。当時は朝鮮戦争の終結（一九五三年）とベトナム戦争の開戦（一九六一年）の狭間にあり、大国間の関係が緊迫し、世界大戦の可能性も否定できない状況だった。作品で登場人物たちが何度も語るように、中島老人の水爆への恐怖は「日本人だれもが持っている不安」だったのである。

だが世界大戦や水爆の怖れは現実には新聞の見出し以上のものではない。とりあえず日常が平穏であれば、人々はそこに留まるだろう。ところが老人は恐怖のあまり日常からの逃走を企てる。しかも、大家族を引き連れて遠い異国へ移住するというのだ。もちろん生計を共にする家族は強く抵抗する。彼らは「今のままでも、けっこう幸せにやっている」（次男の二郎）からだ。この両者の葛藤が物語を動かしていく。

負の感情は止めどなく拡大し、主人公に取り憑いた恐怖は巨大化していく。物語の前史では、彼は放射能を避けるために秋田に地下家屋を建設したことになっている。だが東北にも被害が及ぶという新聞報道により、大金を費やした工事は途中で放棄される。次に老人は残りの財産を投じて家族全員のブラジル行きを画策する。ここに至って家族は家長に対する準禁治産者の宣告を求めて裁判所に訴えることになる。ところがブラジルでも水爆からは逃げおおせないとわかったとき、ついに老人は発狂してしまう。そして地球外の惑星にたどり着くという妄想のなかで、静かな余生を送ることになる。

中島喜一の言動は常軌を逸している。それは狂った世界の狂気を映し出しているようだ。地球を何度も滅ぼすほどの原水爆。その事実を知りながら平然としているのは正気ではないと老人は訴える。だが水爆の投下は可能性に過ぎない。それと引き換えに平穏な日常を手放すのは狂っている。それが彼の息子たちの言い分だ。いったい、どちらが正気で、どちらが狂気なのか。そう作品は問いかける。

家庭劇に込められた世代間の対立

ところで、なぜ主人公は老人なのだろう。中島喜一は明治の生まれ。一代で財をなした彼は国家や社会の虚飾を知り抜いているはずだ。薄い毒にさらされた生き物は少しずつ毒になれていく。同様に老人も社会の毒にはなれている。戦中派の中島は死線をさ迷ったこともあるだろう。そうした老人が遠い水爆の報道に正気を失うとは考えにくい。

ここには制作上の意図が込められている。社会の危機に敏感なのは通常は若者の方だろう。だが青年が一人世間を捨てても波風は立たない。ところが中島喜一は大家族を率いてブラジルに渡るという。そうなれば家族に葛藤が生じることは避けられない。戦後生まれの息子たちとは世代間の意識差も大きい。ここに家族を舞台とした社会劇が成立する。黒澤明は英雄豪傑を主役に据えることを好んだ。中島喜一も黒澤好みの悲劇の主人公である。だが、この人物設定には制作者の好みに止まらない劇的効果がある。それは平穏な日常では見えない社会構造を可視化することだ。

『生きものの記録』は原水爆を告発する作品ではない。主人公はだれよりも水爆を怖れている。ところが彼は新聞を手にしても冷戦をもたらした国際関係には関心を示さない。他の登場人物たちも政治的関心は薄い。彼らはみな世間の関係に埋没している。この作品では原水爆に反対する世論や社会運動などはスクリーンから用心深く排除されている。ここには制作者の意図がはたらいている。外へと向かう政治的関心を排除することで、作品の関心は家庭内の父子の対立だけに集中する。こうして家庭劇の登場人物たちに明瞭な輪郭が与えられることになる。

主人公の老人は悲劇的英雄の相貌をおびている。季節は夏。作品では何度も夕立や雷雨が訪れる。そのたびに彼は空を切り裂く稲妻に激しく狼狽する。老人にとって水爆は天空のいかずちのようなものであり、避けられない天災の一種なのだ。そこには圧倒的な無力感しかない。だからこそ老人は民を平和の地へみちびこうとする。その姿は古代ユダヤの預言者を思わせる。ところが民は日常に汲々として預言者の言葉に耳を傾けようとはしない。ここに東京の下町を舞台とした英雄悲劇が活写されることになった。

作品は都会の雑踏から始まる。真夏の日射しは容赦なく、あたりには地面を焦がすほどの濃い影がうごめいている。立ち止まる人はなく、だれもがどこかへ向かっている。往来はバスや路面電車であふれそうだ。この冒頭の場面は作品の背景をなす社会状況を示唆している。戦後十年。経済成長が始まり、人間が労働と消費の単位となる社会が到来した。この都会の風景には義理や人情はかけらもない。この社会の変化が父子の対立の遠因をなしている。両者は異なる世代に属しているのだ。

物語は中島家の確執をめぐって展開する。だが家庭の内実を第三者にわかりやすく示すことは難しい。家族には言葉にしなくても通じ合う呼吸があるからだ。わずかな仕草や目配せで、たがいの気持ちがわかってしまう。そのため狂言回しが必要になる。この劇作上の理由から要請されたのが裁判所だ。主役たちを差し置いて、最初に登場するのは歯科医の原田である。原田は家庭裁判所の調停委員を務めている。ある日のこと、歯科の診察室の電話が鳴る。それは家裁からの呼び出しだった。原田が裁判所に出かけると、そこには中島家の人々が待っていた。作品の冒頭でキャストが勢ぞろいするという、わかりやすい演出である。

家裁の裁判官室で息子たちは家庭内の入り組んだ事情を語り始める。父親には準禁治産の処置がふさわしいという。父親は抗弁する。このような裁判所でのやり取りが作品では何度か挿入される。もちろん、この作品は法廷劇ではない。あくまでも裁判所は家庭の事情を可視化する装置にすぎない。その際、双方の主張に辛抱強く耳を傾けるのが調停委員の役回りだ。それどころか原田は判決が下りた後も精神病棟を訪れ、正気を失くした老人の最後の姿を見届ける。この医師の目がスクリーン上の出来事に客観性を与えている。

ブラジルというユートピア――家族の崩壊と再建

中島家は老夫婦に子供が四人。長女は大学教授と結婚して家を出ている。一郎と二郎は工場を引き継ぎ、末娘はまだ女学生らしい。家計は一郎の妻が切り盛りしている。この六人が鉄工所の家屋で生計をともにしている。この外にも中島には妾とその子供が二人、さらに死んだ妾の子が一人いる。こちらにも老人は月々の手当てを忘れない。どうやら妾の父親まで面倒を見ている様子であり、彼の係累は総勢十三人におよぶ。

中島は仕事を退いてひさしい。だが家長の権威はゆるがない。現場は息子たちにまかせているが、今でも大旦那が現れると工場の空気は一変する。創業者である父親に比べれば、息子たちは工場の帳簿係にすぎない。中島は半生をかけて工場を守り育てた。そこには老いても野生の風格がある。それは過去の実績によるものだけではない。老人は中島家だけではなく、当然のごとく妾たちもブラジルに連れて行くという。それは我欲ではなく親分肌の責任感なのだ。また家族には不自由をさせず面倒を見てきたという自負もある。それだけに彼は息子たちの反乱が理解できない。老人は怒りのあまり裁判官室の机を叩きつけ、湯飲み茶碗をひっくり返してしまう。

中島の子供たちは工場で生まれ育った。彼らは自分でも認めるように工場なしには生きていけない。老父から見れば息子たちは「親の財産でうろうろして」いるだけだ。外の世界を知らない息子たちは飼育ケースの中の小動物のようだ。ネズミが獅子にかみつくことはできない。そこで息子たちは父親を裁判所に訴える。ところが長男の一郎は裁判所でも父親のまえではものが言えない。これまで一郎は長男として父親の威厳に接してきた。だから彼は父親に反旗を翻しても、自分の所業に恐れをなしているのだろう。

反乱の首謀者を演じるのは次男の二郎である。弟は兄の陰にあり、戦後の個人主義の気風をより強く受けてきたに違いない。彼は父親の横暴を強く非難する。だが、その主張の根拠は個人の利得でしかない。二郎は一家の金庫を父親から遠ざけるが、妹が揶揄するように、二郎の手にある方がよほど財産は危険だろう。

この父子の違いは人生経験の差だけでは説明できない。両者のあいだには時代の大きな裂目がある。冒頭の都会の風景が示唆するように、息子たちは目先の利益を求めて生きてきた。それは小さな幸せの追求と呼べるだろう。この幸せの追求を権利と呼ぶのが戦後の思想である。ところが家長の横暴のために幸せの追求が妨げられようとしている。そのため彼らは老父を法の下に束縛しようと企てる。だが個人の権利を追求すれば、眷属さえも利益を奪い合う敵となる。それは家族の崩壊を意味するだろう。

この作品では利得に汲々とする人々の姿が執拗に描かれる。中島家と妾たちは財産の分配をめぐって長く対立している。家族内でも遺産をめぐる駆引きが交錯する。老人は自分を金蔓《かねづる》としか見ない身内の冷たい視線にさらされて、次第に居場所を失くしていく。かつての家族の関係は失われてしまった。それとともに彼にとってブラジルの意味が変容していく。

そもそも南米は水爆から逃れる避難先にすぎなかった。ところがブラジルは次第に希望の土地となっていく。中島は移住を手引きするブラジル農園の日系人と知り合う。この男はつねに善良だ。その顔は社会の腐敗や悪意を感じさせない。映写機で示される農園の人々も笑顔であふれている。

その映像には中島の希望が投影されているのだろう。彼の希望とは南米の楽園における家族の再建に他ならない。当時、政府の規制により外貨の獲得は制限されていた。そこで老人はブラジル農園の日系人と家屋の交換を画策する。この一種の物々交換にも貨幣に左右されないユートピアが示唆されているのかもしれない。この新しい希望とともに、家族に対する老人の姿勢も変化していく。

他者の命に目覚めた生きもの

ふたたび裁判所に呼び出されたときのこと。家族は廊下の長椅子で汗をふきながら、午後の再開を待っていた。ところが定刻が近づいても、父親は姿を見せない。気をもむ家族をよそに、首謀者の二郎は父親が来なければ「こっちの勝ちだ」と意気込む。ところが老人は冷たい飲み物を手に現れて、無言で家族に配る。利得の確保にやっきな息子たちと、猛暑のなかで家族を思いやる老人の姿が対照的だ。初めは拒んでいた二郎も、最後は気おされて飲み物を手にする。これまでの長い親子の営みが垣間見えるような一幕である。

この場面では、まだ家族は主張を争う関係だ。当然、老人の表情は硬い。ただ息子たちを怒鳴りつけていた冒頭の頑なさは消えている。家族や妾たちにブラジル行きを拒絶され、中島は関係の断絶に直面した。この関係の断絶は日常の表層にすぎない。破綻した親子関係の底から、さらに親心があふれ、子供たちを包んでいく。厳父から慈父へ。作品の主旋律が深まっていく。

『生きものの記録』という表題は中島喜一の言行録を意味している。それでは、どのような意味で彼は生きものなのか。その手がかりとなるのが歯科医の原田の逸話である。ある場面で原田は

『死の灰』という原爆の記録を読んでいる。彼は本を息子に渡して、「日本の鳥や獣がそれを読んだら、みんな日本から逃げ出すね」とつぶやく。危険が迫れば動物は迷いなく逃げていく。だから野の獣たちは発狂しない。その気になれば主人公も一人で逃げることができたはずだ。二郎は裁判所で「お父さん、ブラジルへ行くのなら、どうぞお一人で行ってください」と言い放つ。だが中島は自分だけ助かろうとは思わない。それは守るべきものたちがいるからだ。老人には若い妾に生ませた赤ん坊がいる。夕立の雷鳴に襲われたとき、彼はこの子を強く抱きしめる。それは小さな命を守りたいという衝動なのだろう。この赤ん坊が物語の後半で存在感を放ちはじめる。彼が守ろうとしたのは自分の命ではなく、それ以上に他者の命だった。この物語は他者の命に目覚めた生きものの記録である。

この作品には自然描写がほとんどない。都会の雑踏、工場と家屋、精神病棟。原田の歯科医院でも二階の診察室の窓を開ければ、目の前を路面電車のパンタグラフが走っている。東京の下町が舞台とはいえ、この設定は意図的だろう。さらに異様なのは子供の姿が見えないことだ。作品が制作された年の日本の出生率は二・三七。ところが中島家には小さな子供がいない。町にも子供の姿がない。ここで初めてスクリーンに赤ん坊が映し出される。この劇作上の効果は大きい。この赤子には名前がない。それは何人にも所有されない無垢な生命なのだ。南米に描かれる楽園のイメージも、幼子の生命感で満たされているのだろう。

狂気のなかの楽園

ついに中島喜一は準禁治産の宣告を受ける。最後の希望を託して、彼は家族と妾たちを居間に集める。主要な登場人物が顔をならべ、終幕が近いことを予感させる場面である。中島家と妾たちは敷居をへだててすわり、老人は敷居の上に腰を下ろしている。そしてスクリーンの手前には赤ん坊が眠っている。老人は深々と頭をさげて家族に懇願する。「せめて、この子だけでも。わしは一時、そう思った。だが、わしには、お前らもこの子も同じじゃ。わしはお前らを捨てては行けん。どうか、わしと一緒に行ってくれ」。かつて老人が家族にこれほど頭を下げたことはなかった。この訴えに打たれて、老妻と末娘が同行を決意する。だが他の者はこころを動かされない。老人は疲労のあまり倒れてしまう。

その夜、中島家と妾たちは財産をめぐり争う。その刺々しい空気を避けて、末娘は母親と若い妾を二階にみちびく。その小さな部屋で女たちは和やかに交わった。本来、本妻と妾は相容れない。両者は敵味方の間柄だ。この断絶を融和したのは女たちのまえで安らかに眠る赤ん坊だった。そこに恩讐をこえる穏やかな関係が生まれた。中島家のブラジル行きは実現しないだろう。だが老人が南米に夢見たものは、この夜、ひっそりと二階の小部屋で実現したのかもしれない。

家族の日本への執着を絶つために、中島喜一は工場に火をかける。それからほどなく彼は発狂してしまう。もはや日本には留まれない。だがブラジルも水爆からは逃れられない。地上に生きる場所を失くした老人には狂気しか残されていなかった。精神病棟に収容された中島を原田が訪れる。物語の結末を見届ける狂言回しの最後の役回りだ。この世への執着が抜けたように、すっかり老人は白髪になっている。今では彼は遠い惑星の住人である。狂人は客に地球の様子をたずねる。ところが言葉の途中で窓の外の太陽に気づく。そして「早く逃げねば、地球が燃えている」と叫ぶ。彼は妄想のなかでも地上に残した人々のことを気にかけていた。だが地球は燃えつきてしまう。中島喜一の楽園は地上にはなかったのだ。

病室を去る原田と入れ違いに、ひとりの女が現れる。女は赤ん坊を背負い、ゆっくりと病棟の階段を上っていく。ここで作品は溶暗する。この場面に言葉はない。もはや老人には地上の言葉はとどかない。彼は赤子と一如の世界に帰ったのだろう。水爆も家族の崩壊もない世界。そんな楽園は狂気でしかありえないのか。そんなことを思わせる結末である。

国家の虚構を暴く母の愛　『陸軍』(一九四四年)

皇国の倫理

太平洋戦争の戦局が悪化していた昭和十九(一九四四)年初頭、当時三十二歳の木下惠介は陸軍省から依頼を受ける。それは太平洋戦争の開戦三周年を記念する作品の制作だった。完成したのは同年十一月。すでに敗戦九カ月前のことだ。その内容は脚本を見るかぎり完全な国策映画である。ところが後に有名になる最後の出征場面のために、陸軍は激怒し、木下は職を追われることになった。

高木家は代々の質屋。慶應二年、幕末の戦乱の渦中で、傷ついた武士から水戸光圀の『大日本史』をゆずり受け、それを家宝としている。お気に入りは長州の奇兵隊。それは奇兵隊が市民兵の集まりだからだ。そのため明治の代になり、庶民も兵役に就くようになると、高木家の息子たちは皇軍の良き兵士となることを目指して育てられるようになった。作品は高木家三代の盛衰を追いつつも、公開時の同時代を生きる友彦と仲太郎の父子に焦点を当てて描かれる。

高木家の家訓は軍人勅諭だ。忠節、礼儀、武勇、信義、質素。ことあるごとに軍人勅諭の五箇条を引用して、父は子に大君に仕えよと説く。東京で倒れた父を子が見舞う場面でも、父は何をおいても宮城(皇居)に参拝せよと子を叱責する。現代では、皇国の伝統は過去のものだ。それでも皇居のまえで地に膝をつき、厳粛に礼拝する少年の姿は美しい。家の中でも旧来の道徳が厳しく守られる。たとえば学校の教科書に足でふれたりすると、母親は子を打ち、「本に手をついて詫びよ」と命じる。なぜなら「本は人の魂」だからだ。

高木家は伝統的な美徳を絵にしたような一家である。彼らは志が高く、それゆえに貧しい。生業の質屋も他人を信じて証文に判をついたために借金を重ね、廃業へと追い込まれてしまう。物語の後半では、もはや一家は小さな雑貨屋を営むに過ぎない。また高木家の息子たちは健康にも恵まれない。友彦は陸軍士官学校をへて大尉として日露戦争に従軍するが、罹患をくり返し、一度も前線を経験することなく内地にもどる。その息子の伸太郎も生来の臆病者で、小さな橋から川に飛び込むこともできずに父母を苛立たせる。貧しく身も細く、ただ志高く生きていく。ここには精神論で戦うしかなかった当時の日本軍が重ね合わされているのだろう。

あらゆる意味で高木家の美徳は過去のものだ。現在の立場から、それを共有することはありえない。だが、迷いなく私欲をこえたものに殉じる主人公たちの姿は潔い。おそらく当時の観客は高木家の生き方に道徳的な高揚感を覚えたのではないだろうか。しかし、時代と社会の価値に殉ずることは、その程度に応じて排他性をともなう。この国策映画でも、当然ながら交戦中の他国は灰燼に帰すべきものと主張される。その限りにおいて正義の主張は虚構である。戦時の美徳ほど明瞭ではないにしろ、このことは、あらゆる社会的価値に妥当する。現代であれば会社と家庭は両立せず、経済成長と環境保全は相互に排斥する。正義や価値の主張は外に何かを否定する。それは本来的に不完全であらざるを得ない。

この作品は戦争の旗を振る国策映画でありながら、巧まずして、正義の主張の虚構性を暴いてしまった。ここで戦争の嘘を暴いたのは家庭の温もりであり、その底にある母なるものである。母なるものは他者を否定しない。それは否定しないままに、おのずと大君という抽象名詞の虚構性を照らし出す。完成した作品を見て、陸軍の関係者は激怒したという。おそらく軍部は敏感に、この映画の危険性を察知したのだろう。

母からあふれる母なるもの

だれしも家に帰れば息をつく。そこは時代と社会の価値から遠ざかる場所だ。皇国の倫理と家庭の温もり。高木家の人々もふたつの世界を生きている。もちろん、この国威発揚の映画では親子の情愛を主題的に描くことは許されない。だが作品中で抑圧されていた親心は最後にスクリーンの表面に奔流する。それを体現するのが母のわかだ。高木家の妻として、わかもまた皇国の伝統を奉じてきた。息子が上等兵候補として入隊すると、わかは「男の子は天子様からの預かりものじゃけん」と素直に喜ぶ。それは親として社会的責任を果たした安堵感でもあっただろう。

だが息子が出征する前夜、家族の食卓の場面は親子の情愛であふれている。わかは精一杯のごちそうを作り、自分の皿を息子にゆずる。それから子供たちは父母の肩をもむ。余人が足を踏み入れることのできない、だが、だれもが温かい気持ちになる家族の描写である。この食卓の場面が最後の出征場面の伏線をなしていく。

次の朝、若者たちの出征に町は色めき立っている。だが、わかは「あれはもう立派に天子様に差し上げたもの」と見送りにも行こうとしない。ところが、家事の途中で、彼女はめまいを覚えて縁側にすわり込む。そして人気のない暗い家の中で、うつろに軍人勅諭を口にする。身と意はここになく、ただ口先だけで呟かれる皇国の倫理。その虚脱した様子は、皇国の虚構性を暴露しているようだ。このとき呆けたように坐り込むわかの耳に、若者たちを送る進軍ラッパが聞こえてくる。そのラッパに合わせてカメラは家宝の『大日本史』と高木屋ののれんを映し出す。それは皇国の倫理に殉じてきた一家の象徴である。ところが、わかは何か別のものに衝かれたように立ち上がり、通りへとよろめく。わが子のもとへ駆けつけようとする母親の足もと。この母の歩みを映す数秒の場面は、深く力強い。

続く出征場面に登場する兵士たちは、その多くが実際に南方へ送られ、故郷に帰ることはなかったという。そのため、この作品は彼らの遺影となった。歓喜の声を上げて小旗を振り、兵士を見送る人々の姿も、戦時中の現実そのままだ。ところが、わかだけは群衆をかき分け、わが子を探す。そして伸太郎を見つけると、だれはばかることなくその名を呼び、わが子に寄り添うように付いていく。母に気づいた伸太郎も、厳粛な状況にはふさわしくない童子のような表情で母親に応える。この長い最後の場面は、余すところなく母の真実を映し出す。母の真実とは何か。それは母その人にとどまらない。わかもまた一家の母として時代の要求に応えてきた。しかし今生の別れに直面して、彼女の表層をつらぬいて、母の真実があふれ出たのだ。それは、彼女自身を守り育ててきた母なるものでもあっただろう。

最後に、わかは群衆にさえぎられて、倒れてしまう。それでも、どこまでも去りゆくわが子を見送っている。その視線に、いつしか観客自身も見守られているような気がするのではないだろうか。私たちはだれも、それぞれの時代と社会を生きていく。それを声なきままに見守る母なるものがある。そんなことを思わせるラストシーンである。

Ⅲ　恋と情欲

永遠の今を探す過去への旅　『世界の中心で、愛をさけぶ』（二〇〇四年）

十七年後の再会

朔太郎と亜紀。通称、サクとアキは高校の同級生。十六歳の初夏にふたりは付き合い始める。ところが秋には彼女が病に倒れ、そのまま帰らぬ人となってしまう。作品は、その十七年後の初冬に始まる。故郷の高松を離れ、現在、朔太郎は都会で働いている。彼は別の女性と知り合い、もうすぐ結婚する予定だ。だが朔太郎は亜紀との別れを整理できずに生きてきた。その意味で彼の時間は十七年前から止まっていた。作品の後半で、サクは「アキの死からずっと逃げてきた、忘れられないんだ」と告白する。おそらく結婚という節目は半生の決算を要求するのだろう。そのため朔太郎は故郷へと旅立つ。作品は過去を回想する彼の目を通して描かれていく。

主人公が高松へ向かったのは、他にも理由があった。それは婚約者の帰郷である。律子は同郷の年下の女性。ある日のこと彼女は引越しの準備をしていて、子供時代のカーディガンを見つけた。そのポケットにはカセットテープが入っていた。小学生の頃、母親が入院していた病院で律子は白血病のお姉ちゃんと知り合った。そして彼女の頼みで、手紙代わりのカセットテープを高校の彼氏の下駄箱へ届けていた。ところが彼女が息を引き取るまえの最後のテープを律子は届けることができなかった。街が強い風雨にさらされた午後、彼女は横断歩道で交通事故に遭ったのだ。それは十七年前の秋、台風が四国を直撃した日だった。その後、若い患者（亜紀）の死を知ることもなく、少女は成長した。このかつての記憶がポケットのカセットテープを手がかりによみがえったのだ。自分の婚約者に大切な人がいたことを彼女は知る。律子は朔太郎に書き置きを残し、子供時代の記憶に引き寄せられるように高松へと旅立った。

朔太郎も律子を追って故郷へと向かう。このとき四国には台風二十九号が近づいていた。サクとアキの最後の日に上陸したのも、実は二十九号だった。あのときを思い出させるような強い風雨に気持ちをゆさぶられて、朔太郎は夜の街を駆けだしていく。このとき彼の走る姿は、同じように気持ちを抑えきれずに、ただ走るしかなかった十七年前の映像と重ねられる。かつてアキと語り合った堤防を高校生のサクが駆け抜けていく。そして海に向かって声にならない何かを叫ぶ。過去と現在の交錯。この場面は彼の胸の空白がかつてのままであることを示している。

それから朔太郎は故郷を離れ、二十年近く都会で生きてきた。作品で彼が最初に登場するのはオフィスでの徹夜明けの場面だ。そこでは上司との嫌味なやり取りも交わされる。アキとの思い出は遠くなり、埃にまみれて見えなくなっていただろう。まるで味気ない日常の延長のように結婚する人もいる。そのまま若い日の新鮮な記憶も埋もれていくかもしれない。いくつかの偶然が重ならなければ、朔太郎もありふれた日常を歩んでいたはずだ。アキの記憶もゆっくりと遠ざかったに違いない。ところが結婚を目前にして、あの日のように台風二十九号がやって来た。強い風雨は日常の秩序を揺り動かす。さらに婚約者が書き置きを残して去っていった。こうしたすべてが彼の胸にかつての感情を生々しく呼び覚ましたのだ。

本作は愛の物語である。なぜ愛はくり返し描かれるのだろう。愛するとき人は他人に最も近づく。そのとき他人はもうひとりの自分になる。だから愛する人を失くすことは、まるで自分の一部をもぎ取られるように苦しい。それは自分と他人がわかちがたいという原初的な経験だろう。その意味で愛とは関係の原点である。もちろん、だれもが映画のような恋をするわけではない。ただ作品化した愛の形象に、私たちは自分の原点を認めるのだ。本作の主人公も同様である。都会生活のなかで朔太郎は何かを見失っていた。高校生の自分に立ちもどることで、おそらく彼は自分の原点を確かめようとしたのだろう。

死別により彼は恋人を奪われた。彼女は手の届かない遠くへ去り、その存在は問いとして残された。彼女は何を願っていたのか。最後の日々、自分には何ができたのか。大切な人を失くしたこころの空白。そこに引きよせられるように、サクはアキとの思い出の場所をたどる。この空白の意味を確かめることなしに、次の関係を結ぶことはできない。高松にはアキとの思い出があり、今は律子が待っている。そこには朔太郎の過去と未来がある。そのどちらにも彼の手は届かない。彼は大きな喪失感のなかにいる。

高校生の朔太郎が堤防を駆け抜けていく。そして彼は海をまえに立ちつくす。どこまでも続く青空。たとえようもなく美しい風景が目のまえに広がる。だが、どんなに世界が美しくても、そこに愛する人がいないなら何の意味があるだろう。サクはアキを愛していた。サクの世界の中心はアキだった。愛する者を失くし、彼の世界は空っぽになった。堤防のまん中で、彼は海に何かを叫ぶ。それは言葉にならない、まるで獣の呻《うめ》きのようだ。サクの叫びは空っぽの世界に消えていく。そして彼はひとり、堤防に残される。愛する者がいない世界。この世界で、どう生きていけばいいのか。そう作品は問いかける。

恋と死と遺骨

高校生のサクとアキ。ふたりは実家から学校に通う。家族に行動を制限されることもあるだろう。たとえば夏休み明けのこと。アキの両親はサクと会うことを禁止する。ところが作品では家族たちはほとんど現れない。学校の友人たちも印象に残るほどには描かれない。まともな脇役として登場するのは、サクの婚約者となる律子と写真館のシゲジイくらいだ。それはふたりの恋だけにカメラの焦点を合わせるためだろう。それ以外の些事は慎重にカメラの外に除かれている。こうして観客の目には、ふたりの関係だけが深く印象に残ることになる。上映時間は長編にふさわしいが、ここでは、ひとつの恋だけが描かれる。この作品には道端の野花を活写した佳作の趣きがある。

アキはサクとの将来を夢見ている。その夢は病のために絶たれてしまう。作品では出会いからほどなくしてアキが白血病を発症する。夏から秋が深まるにつれて、まるで花が枯れていくように、彼女は生命力を失くしていく。高校生のふたりには生活のにごりがない。その恋は美しいままに完結する。それは花の美しさに通じる。花が一度しか咲かないように、恋にも次はありえない。失われた恋は記憶の結晶となる。

だれかを愛するとき、そのひとは唯一のひととなる。恋はいつでも最後の恋だ。だから恋は別れを予感させる。愛が深まるほどに、死の影が濃くなるのだろう。そして別れを意識するほどに、また愛は深まるのだろう。この作品には死の影が濃い。初めてアキが登場するのは葬儀の場面である。校長の訃報を受けて高校の生徒たちが寺院の境内に参列している。そこでアキは在校生を代表して弔辞を読む。ところが夕立のために弔辞の文字は見る間ににじんでいく。夏の青空から驟雨への転換は、若くして命を絶たれる彼女の宿命を予告している。

夏の日射しのような恋の季節にも、死の影が差している。たとえば文化祭のクラスの出し物は『ロミオとジュリエット』。クラスの人気者であるアキは当然のようにヒロインに選ばれる。この主人公の非業の死に終わる古典劇は、彼女の将来を暗示していたのではないだろうか。本人によれば亜紀という名前は白亜紀に由来するという。古代に栄えた恐竜やシダ植物にあやかり、親は娘の長生きを祈ったのだ。だが作品の結末からふり返れば、その名前は滅びゆく命を意味していたのかもしれない。

文学の通例として恋は死に終わる。その伝統に連なるように、作品では写真館のシゲジイの恋が語られる。戦争のために彼は恋人と一緒になることができなかった。そして戦後、彼女は親の意向で別の男と一緒になった。そのことをシゲジイは「そういう時代だったんだ」と苦しげに語る。サクとアキが病にへだてられたように、シゲジイと恋人は時代と社会に引き裂かれた。どの恋にも個性があり、また孤独と苦しみがある。この老人の逸話は作品の恋物語に個人をこえた広がりを与えている。

恋人の死を受けとめることができるなら、そこで物語は完結するだろう。だが想いは故人の面影を追い続ける。シゲジイは「俺なんか、いまだに未練を引きずりながら生きている」という。そこで老人はサクとアキにかつての恋人の遺骨を盗ませる。その恋人とは急逝した高校の校長である。少女が弔辞を捧げた故人の骨を盗みにいく。かくもアキは死者に親しい。夏の夜の墓場が彼女の将来を予示するところも、巧みな演出だろう。この作品では骨が小道具として効いている。遺骨へのこだわりとは、死者への執着である。あるいは死後への関心でもあるだろう。それはシゲジイだけにとどまらない。アキは自分の骨をオーストラリアの聖地に撒《ま》いて欲しいと遺言する。そこでサクはアキの遺灰とともに旅することになる。このように骨をめぐる思索においても作中のふたつの恋物語は並行している。

愛する人を失くした時、私たちはどう生きればいいのだろうか。その人への思いは死にへだてられても絶ち切れない。死者は遺骨として生者に関わり、生者は遺骨にありし日の死者の面影を追い続ける。サクはこころの底でアキの遺骨を抱いたまま生きてきた。彼女と死別して十七年。その日から彼の日常は灰色のままだ。この作品では色彩が効果的に使われている。現在のサクの場面には日が差さない。冒頭の台風に始まり、その後も空は鈍色にたれこめたままだ。アキとの思い出をたどる故郷への旅も雨模様。それはサクの心象風景なのだろう。

ところがアキは思い出のなかでは輝いている。初めて言葉を交わしたとき、二人乗りしたバイクの道、告白した午後の教室。いつでもアキは夏の海と青空のなかにいた。夜、若者がひとりで恋人に思いをよせているときも、まるで光の天使が踊っているように映像は美しい。実際には晴れの日ばかりではなかったはずだ。初めて帰り道で一緒になったとき、サクはアキを直視できなかった。「広瀬って他の女子と違う。勉強できるし、スポーツ万能だし、人気があって、芸能人になるんでしょ」。彼は引け目を感じていた。それからも恋慕に悶々とすることもあっただろう。ところが彼女を失った今、彼の記憶のなかで過去のすべてが輝いている。それは現在から投射された過去の姿なのだろう。

現在と過去は対関係にある。現在が重苦しいほどに過去は美しく輝く。最後にアキと別れた日、町は台風に襲われた。その重苦しい風雨が今も彼の胸の奥でやもうとしない。それは過去（死者）に現在を奪われているということだ。いつまでも彼女に執《とら》われることをアキは望んでいたのだろうか。遺灰を撒いて欲しいと伝えたとき、アキはサクに何を願ったのだろう。たしかに愛と死は切り離せない。そうであれば、愛する者の死を受け入れることで、愛は成立するのではないだろうか。

当初、この作品の原作は『恋するソクラテス』と題されていた。それが編集者の意向で現在のものに変更されたという。ソクラテスは死を思索した（『パイドン』）。サクは恋人の死を受けとめようと苦しんでいる。その意味で彼は恋するソクラテスである。そもそも愛と死が背中合わせであるのなら、死を受け入れることなしに愛は成り立たない。死により愛は一度きりの経験となる。そのとき初めて愛と生は色彩を取りもどすのだろう。灰色の空のもと、主人公は死の思索を重ねている。どうすれば、彼のこころに、また日が差すのだろうか。

カセットテープの身体性

あるときサクはラジオ番組に作り話を投稿した。アキは腹を立てて、しばらくサクを拒絶した。そして学校の帰り道、彼女は一本のカセットテープを押し付けた。そこにアキは腹を立てたわけを吹き込んだのだ。顔を合わせれば、また怒ってしまう。だから彼女はテープで気持ちを伝えたのだ。こうして、この日から、ふたりのテープの交換が始まった。

実は原作では、主人公たちは交換日記を交わす。それは文学作品にふさわしい設定だろう。これをカセットに変更したのは映画制作者の卓見である。サクは高松の実家で、十七年前にアキが声を吹き込んだカセットテープの小箱を探し出す。そしてヘッドフォンを耳にあて、彼女との思い出の地をたどる。長い時をへてアキの声が耳元によみがえる。もしかしたら彼女の匂いまで思い出されるかもしれない。声の直接性は存在を現前させる。ところが、その人はどこにもいない。不在の現前。それは怖ろしい経験ではないだろうか。

だが、なぜカセットなのか。声を伝える方法は他にもある。その理由はカセットの身体性にある。作品の冒頭で律子は子供時代のカーディガンにテープを見つけた。その手触りは病室のお姉さんから渡されたときのままだ。ポケットの中の無機質なプラスチックにふれたとき、たちどころに彼女は子供時代の出来事を思い出したことだろう。

この作品の制作時において、すでにカセットは過去の技術だった。律子はテープを再生しようとするが、もはや家電量販店にもプレーヤーは置いていない。しかもテープは時とともに古びていく。デジタルの信号ならば完全な複製が可能である。だが磁気テープは劣化する。古いテープを手にしたとき、まだ再生できるか不安になったことはないだろうか。テープは身体に似ている。彼女が手に取り声を吹き込んだカセットテープ。それが、ここに、ひとつだけある。それはありし人の形見に他ならない。この作品でテープには遺骨のような意味が与えられている。

高校生のテープの交換。そこで語られるのは他愛もない話ばかりだ。彼らの話題は日常の風景のなかにある。「好きなもの、調理実習、夏の麦茶、白のワンピース、美容室の匂い」（アキ）、「プールの授業、冬のクワガタムシ、牛乳瓶のふた、放課後のチャイム」（サク）。ここには詩の朗読のような響きがある。そのとき一度だけあり、もはや、どこにもないもの。放課後のチャイムのように次の瞬間には消えゆくものを、そのままにいつくしむ。それがふたりの愛の形だった。まるで夏の麦茶やワンピースのように、かつてアキがここにいた。あのとき、たしかにあったもの。それは、いったい、どこへ去ったのだろう。

サクとアキは毎日、学校で顔を合わせる。なぜ、ふたりはテープを交換するのだろう。付き合ってほしいと伝えるときも、サクはアキにテープを渡した。夏の放課後、彼女は教卓でヘッドフォンに耳を傾けている。そして満面の笑みで「いいよ」と答えてくれた。高校生の相聞とカセットテープ。ふたりの恋には、この小道具が必要だった。目の前のひとには素直になれない。だがカセットになら素直になれる。ひとりになることで、こころの言葉を紡《つむ》げるのだ。俗に電話では話せないことがあるという。だが電話でしか話せないこともある。電話やカセット、つまりメディアが他者との距離を可能にする。この距離なしに、こころの言葉を交わすことはできなかっただろう。

夜の部屋、二階の窓からは星が見えそうだ。そこでサクがひとりで苦しんでいる。彼はためらいながらレコーダーの録音ボタンを押す。そして口ごもりながら言葉を選ぶ。ところが自分の言葉に苛立ち録音を中断してしまう。大切な人に伝えるために、彼は何度でも言葉を探す。サクは下手な相聞の歌人のようだ。こころからこころへと思いを伝えるには、へだたりが必要だった。それは遠ざかることで初めて会えるという逆説を意味している。これは作品の展開とも関連している。サクは生死をへだてて、あらためてアキと出会う。それでは死別をへて彼は何に会えたのだろうか。

永遠の今へ

豪雨のなか、サクは母校の体育館へと向かう。そこは、かつてアキがピアノを弾いてくれた場所だった。死を覚悟した彼女は「アヴェ・マリア」を演奏した。そして彼に寄り添い「サク、好きよ」とつぶやいた。サクは体育館の舞台に立ちつくし、かつての彼女の温もりを思い出す。このときサクのまえに高校生のアキが姿を現す。そしてふたりは静かに抱き合う。その向こうには外の雨が青白い影となり流れていく。冷たい雨の中の彼女の温もり。もうすぐアキはどこかへ消えてしまうのだろう。その温もりは、そのときかぎり、そこにあったもの。だが、そのときは気づけなかった。存在のはかなさは、失われることで、気づけるのかもしれない。

このときサクの携帯が鳴る。彼は体育館の床に膝をつき、電話の向こうの友人に「今、アキに会ったんだよ」と嗚咽する。このときサクのこころに何が起きたのかはわからない。ただ流れ落ちる雨が無常を示唆するばかりだ。これまで彼は記憶のなかの死者に執着していた。執着は存在を殺してしまう。存在は移り行く無常のなかにしかない。執着から手放すことで、無常において存在は輝くのだろう。この冷たい雨の降る夜に、初めてサクはアキの温もりにふれたのかもしれない。

アキは死を怖れていた。作品ではテープに残された彼女の声が重苦しく再生される。「眠れないの、明日が来るのが怖くて眠れないの」。明日には自分が消えるかもしれない。そう思うと長い夜にたえられない。それは高校生の少女には過酷な宿命だろう。病室の窓から見える暗い夜の雨。それが彼女の心象風景だった。

だが作品には、もうひとりのアキがいる。最後のテープを女の子に渡したとき、駆け去ろうとする少女をアキは呼び止めた。女の子が振り返ると、さっきまで力なくベッドに横たわっていた若い女性が腰かけている。しかも彼女は光の中で微笑んでいる。そして不思議な手品を見せてくれた。赤いハンカチが手の中で美しい紙吹雪に変わる。そのハンカチはアキの存在を寓意しているのだろう。彼女は光の中を紙吹雪となって散っていくのだ。女の子は「すごい」と声をあげて、病院の階段を駆け下りていく。アキが病床で覚えた、たったひとつの手品。それは死へと向かう練習だったのかもしれない。

豪雨の空港で、サクは婚約者の律子と再会する。そこはサクとアキが最後に別れた場所だった。ここで出会いと別れが交錯する。過去の思い出をたどる旅をへて、彼は未来へと歩もうとしている。アキはオーストラリアの聖地ウルルに憧れていた。そこは自然と一体となったアボリジニの死生観を象徴する場所である。アキとの最後の日々、サクは彼女をそこへ連れて行こうと計画した。ところが台風のために飛行機が欠航となり、ふたりの思いは叶《かな》わなかった。そして病状の悪化とともに、アキはふたたびサクと会うことなく、この世を去ってしまう。

このアボリジニの聖地をサクは「約束の場所」と呼んでいた。この言葉は『出エジプト記』を想起させる。英雄モーセは奴隷の民を率い、神との約束の地をめざす。だが彼は目的地をまえにして、この世を去ることになる。この約束の地とは、地上では実現できないユートピアを意味しているのかもしれない。サクが旧約聖書を意識していたとは考えられない。だが地上の苦しみから夢見られる理想の世界として、約束の場所という言葉には、若いふたりの願いが込められているようだ。

アキが行きたかった約束の場所。アボリジニの聖地とは何を意味しているのだろうか。そこに彼女はほんとうの生き方を託していたはずだ。アキの遺灰とテープをポケットに、サクは律子と旅立つ。作品の最後の場面はウルルの丘だ。長く雨にぬれていたスクリーンは灼熱の砂漠へと一変する。広い空と大地。風にまう砂埃。そこにウルルの丘がある。サクは一歩ずつ確かめるように丘を登る。そして頂上に立つとヘッドフォンを耳に当てる。それは再生されることなく律子のポケットに残されていた最後のテープだ。

「ほんとうに、そばにいてくれて、ありがとう。忘れないよ、あなたと過ごした大切な時間」。アキは思い出を愛おしみ、別れを惜しむ。そして最後の言葉を決然と伝えた。「最後にひとつだけお願いがあります。私の灰をウルルの風の中に撒いて欲しいの。そして、あなたはあなたの今を生きて。あなたに会えてよかった、バイバイ」。アキは、いつまでもサクといたかった。だが、それは叶わなかった。深い無念をこえて、彼女は願いを伝えた。それは今を生きてほしいということだ。過去に執われてはならない。海辺の貝殻は砂粒となり消えていく。それは、ただ一度だけ、そこにあったもの。アキとの思い出を背にして、サクは今を生きねばならない。彼女は愛する人を過去から現在へ送り出そうとした。そうすることで、彼女もまた、ただ一度きりそこにあったたしかな過去となるのだろう。

ここでサクはヘッドフォンをはずし、小瓶に収めた遺灰を手のひらに移す。風に吹かれた遺灰は大空とひとつになる。「手品みたい」と律子が声をあげる。まるで手品の紙吹雪のように、アキが無限の虚空へと消えていく。サクは空を見上げて、「ここに来て、世界の中心が何処にあるのかわかった気がする」とつぶやく。

これまでサクはアキの面影を追い続けてきた。だが最後にサクはアキを永遠の離別へと送り出した。アキは風とともに消えていく。そして彼女の姿は永遠を宿した形象となる。これからサクは今を生きていく。世界の中心。それは永遠の今だろう。このとき彼のよこには律子がいる。ここから律子と生きる毎日が始まるはずだ。

少年に寄せる子猫の恋　『陽だまりの彼女』（二〇一三年）

結婚から始まる物語

真緒《まお》と浩介《こうすけ》は中学の同級生。藤沢の学校に真緒が転校してきたのは一年生の夏のこと。彼女は初めから変わっていた。教室で担任が彼女の紹介を続けているのに、浩介を見つけると勝手に駆けより空いた席についてしまう。その後も学校で浩介を見かけると大声で名前を呼んで走っていく。まわりの視線など気にもしない。成績は最低で、そもそも小学生の算数がわからない。そこで放課後は浩介を先生役に基礎から教えてもらう。そんな彼女はクラスで執拗にいじめられる。背中に貼り紙をされ、集合写真の顔には画鋲。真緒を守る浩介も次第に孤立していく。浩介だけが真緒の居場所だった。ところが三年生の夏に浩介は名古屋へと転校する。真緒には名古屋がどこなのかも、わからない。彼女は泣きじゃくるしかない。ただ「東京の大学に行く」という浩介の言葉をたよりに彼女は猛勉強を始め、東京の女子大へと進学する。

そんなふたりが、あるとき、ひょんなことで再会する。今では真緒は高級下着メーカーの広報担当。浩介は鉄道好きが昂じて鉄道専門の広告会社に勤めている。ある日のこと浩介が依頼先の会社に出向くと、そこにはどこか見覚えのある顔があった。高級下着の社風にふさわしい華やかな女性。すぐにふたりはたがいに気づく。そして仕事と私用をまじえた付き合いが始まる。アイドル主演らしい甘美な描写が続くところだ。こうして恋仲が深まり都内のアパートで新婚生活が始まるまで、作品はよどみなく流れていく。どこか遠い世界のようで感情移入しにくい展開である。

多くの場合、恋愛映画の終着点は結婚だろう。できるだけ先延ばしするのが制作の定石である。ところが本作では駆け落ちと称しつつも、ふたりはさっさと結婚する。作品の要所は、その先にあるからだ。小さなアパートで浩介と真緒が睦み合う。ふたりは床に横になり、腕を絡めている。そして彼女が「あなたと結婚してよかった」とつぶやく。部屋には天井から吊るされた紙細工のかもめが飛んでいる。穏やかで幸せな風景である。ところが、かもめの映像が終わらぬうちに、何かが割れる音が室内に響く。次の場面で真緒がコップを落としたのだ。カーペットにはお茶が染みている。帰宅した浩介が駆け寄ると、真緒は探し物をしていたという。指がすっかり細くなり、結婚指輪が外れてしまったのだ。このときから真緒の健康は目に見えて衰えていく。あるときはベッドに大量の髪の毛が抜けていた。職場でも気を失い倒れてしまう。だが病院で検査しても原因がわからない。事実、彼女は病気ではなかった。天寿を終えようとしていたのだ。

どこか真緒には得体の知れないところがある。恋人時代に彼女の実家を訪ねたとき、その両親から浩介は彼女の過去を知らされる。真緒には中学以前の記憶がない。深夜に裸で徘徊しているところを警察に保護されたのだ。被害を受けた形跡はなく、彼女も何も覚えていない。そこで保護した日を誕生日として名前を与え、引き取ったのが現在の両親だった。

いったい真緒は何者なのか。作品では様々な示唆が与えられる。まず身のこなしが柔らかい。中学生のときはジャングルジムに平気で駆け登っていた。大人になっても少しの柵なら楽々と飛び越える。そのくせ熱いものが苦手で冷めたカフェオレも怖れながら飲んでいる。そして背中をすり寄せて甘える癖がある。作品は海辺の公園を駆ける子猫の姿で始まる。カメラが視線を上げると、ジャングルジムに中学生の少女がいる。すべての逸話が一点に収斂していく。ある日のこと、新婚夫婦の部屋に隣室から母親の叫びが聞こえてきた。お隣の子供がベランダを乗り越えて六階から落ちそうになっていたのだ。とっさに真緒は子供を空中で抱きとめて無事に着地する。ここにいたり浩介は妻の正体に気づく。彼女は子猫の生まれ変わりだったのだ。

人間と動物の結婚。本作は異類婚姻譚の一種である。この種明かしに観客はそれほど驚かないだろう。むしろ遠い記憶へと引き込まれるような印象さえ受けるかもしれない。世界中に鶴の恩返しの類話があるという。なぜ人間と動物が結婚するのか。それは失われた自然との交流を意味することもある。この類型に本作は正確には属さない。むしろ動物は人間世界から失われた純粋な関係の契機をなしている。

なぜ真緒は人間となったのか。かつて真緒は江ノ島の猫屋敷に住んでいた。その仲間たちは、たらふく食べて楽しく暮らすことしか望まなかったという。ところが彼女は安逸を捨てて愛する人と一緒になりたいと願った。彼女は変わり者の猫だったのだ。それは物語の前史による。

作品の冒頭で浩介の少年時代の思い出が挿入される。家族で少年は江ノ島に遊びに来た。ところが祭りの雑踏で家族からはぐれてしまう。母が子の名を呼ぶ。その声に駆け寄った少年の腕には子猫が抱かれていた。猫の首には少年のお守りが掛けられている。海辺の岩場で穴に落ちた子猫を拾い上げたのだ。ところが子猫は少年の腕から飛び降りて、石段の上の猫屋敷へと逃げていく。この逸話が何を意味するのか、まだ観客はわからない。次の場面では、海辺の公園を走って行く子猫とジャングルジムの上の少女。そして本編が始まり、社会人となった浩介と真緒が登場する。かつて、ふたりは少年と子猫として出会っていたのだ。

少年に命を救われた子猫は恋をした。どうしても彼と一緒になりたい。それは現実には稀有な恋慕だろう。もちろん猫は人間にはなれないし、作品の設定は虚構に過ぎない。ここで猫の化身という設定は人間世界から失われたひたむきさを意味している。さらに彼女の命が尽きようとしていることがわかると、作品に切迫した現実感が生まれる。少年の好意は純粋だった。それに応える猫の気持ちも率直だった。ふたりの恋には打算がない。ここには関係の唯一性がある。現実には夫婦や恋人でも利害のない関係は稀であり、それが人間社会の通例だろう。このとき人間関係は貨幣のように交換可能なものになってしまう。この世界で純粋な関係は汚れていく定めにある。

それでは金銭や数値で置き換えられない関係はどこにもないのだろうか。作品の舞台は大都会、東京。利害と打算で積み上げられたような街だ。それだけに無垢なつながりが見るもののこころを打つ。それは真実の関係への憧れだろう。この憧れだけは何よりもたしかではないだろうか。

世界の果ての出会い

作品では、ふたりの過去の記憶が反復される。少年が子猫を見つけたのは人気のない海辺の岩場だった。親猫からはぐれたのだろう。引き潮で生じた穴に子猫は落ちたのだ。満ち潮が迫るなか、少年は子猫を救い出した。そのとき引っ掻かれた傷跡が今でも右手に残る。だが、そんなところに町の子猫がいたのは不自然である。どうして出会いの場所は海辺に設定されたのか。海原に突き出た磯は人間世界の果てを意味している。その先には荒れた波が立ち、かもめが鋭く飛んでいる。夕暮れ、山里、城壁の外。古来から人間と異類が出会うのは社会秩序が揺らぐ場所とされてきた。本作では海辺の出会いに人間社会から失われた純粋さが求められたのだろう。それは世知に馴れた大人や親猫ではありえない。ただ少年と子猫は無心に出会った。それは忘れがたい記憶として残り、子猫は棲み処へ、少年は町へもどって行った。

数年後、浩介の中学に真緒が転校生として現れる。彼女には中学以前の記憶がない。作品の設定としては猫が女子中学生に化けたからだ。別の意味では彼女には過去の夾雑物がない。浩介に寄せる恋慕だけが真緒の存在をなしている。浩介の転校による別離、さらに十年後に、ふたりは都心のオフィスビルで再会する。この偶然に浩介は驚く。それは大都会で旧友に遭遇する確率の問題だけではない。真緒との再会。それは彼が秘めてきた願いだったのだ。原作では真緒が浩介と会うために重ねた数々の画策が描かれる。これを映画は省略する。それは上映時間の都合かもしれないが、これにより原作を通底する願いが明瞭になった。また会いたいという気持ちが、ふたりを引き寄せたのだ。私たちは会いたいと願うものだけに会えるのかもしれない。

ところで、なぜ真緒の前生は猫なのか。狐や狸ではいけないのか。北国の里山なら鶴でもいい。だが東京の都心に鶴や狐はいない。本作の主題は大都会の恋である。さりげなく街角を歩いているような動物がいい。かりに日本人と移民の恋ならば、外来種のアライグマなどでも、おもしろいだろう。そうでなければ候補は犬か猫だ。ただし犬は従順で社会体制に殉じる大人の戯画にも見える。気ままで、さりげなく、わがままであり、その意味で純真な都会の獣。それは猫しかいない。真緒は恋心にひたむきであり、街の視線を意に介しない。彼女は社会の他者であり、社会が失くした純粋な関係を体現する。その意味で彼女は猫なのだろう。

身体に刻まれた記憶

今では浩介と真緒は小さなアパートで暮らしている。その天井には紙細工のかもめたちが吊るされている。あの日、海にはかもめが飛んでいた。それは大都会の片隅に実現した奇跡を象っているのだろう。真緒はビーチボーイズが好きだ。幸せな夫婦の日々を代表曲の旋律が彩る。「一緒に生きるのは素敵じゃないか（…）僕たちは結婚して幸せになるのさ」（wouldn't it be nice to live together?…We could be married. And then we'd be happy）。奇跡の関係は永続しない。それは仮定法で歌われる幻に過ぎないのだ。

ある朝のこと、浩介が目覚めると真緒が食卓を用意していた。いつもより手の込んだ彩り豊かな朝食である。しっかり食べてと声をかけると、真緒は外に新聞を取りに行くふりをして、そのまま消えてしまう。それが夫婦生活の最後のひとこまとなった。夫婦とは夜と朝食をともにする関係である。その成就を示す場面とともに、彼女は失踪した。猫としての天寿を全うしようとしていたのだ。

浩介は街中を探すが、どこにも真緒の姿はない。それどころか、だれも彼女のことを覚えていない。作品では彼女の記憶が人々から失われていく。本当の関係は社会では持続しない。それは日常の慌しさに見失われていくのだろう。最後に浩介は海辺の岩場で失踪した真緒を見つける。彼女は出会いの場所で最期を迎えようとしていたのだ。暮れていく日を惜しみながら、ふたりは残された時間で思い出の場所をめぐる。海の橋、島の坂道、学校の教室。少しずつ世界から真緒の痕跡が失われる。中学時代の最古層の記憶も消えていく。浩介も真緒のことを忘れる定めにある。彼は社会人として生きていくのだ。夕日を背景に海の公園で抱き合い、ふたりは生まれ変わりと再会を誓う。これが本当の別れとなった。

後日談として、会社の宴会の場面が挿入される。浩介の同僚が結婚することになったのだ。意に添わない結婚なのだろう。同僚の女性は諦め顔だ。浩介の横に腰掛けて「なかなか奇跡は起きませんね」とつぶやく。浩介も「起きないね」と同意する。そのとき店内からビーチボーイズが流れてくる。真緒が好きだった、あの曲だ。「新しい朝が始まるとき、一緒に目覚めたら素敵じゃないか」(Wouldn't it be nice if we could wake up in the morning when the day is new)。思わずグラスを持つ浩介の指先がリズムを刻む。真緒の記憶は消えても、彼女と過ごした幸せな日々の感覚が身体に残っているのだろう。日常の意識は都会の速度に占有される。そこに本当の関係が介在する余地はない。しかし身体には本当の関係が宿されている。いつでも身体は本来のあり方に目覚めるのだろう。

最後の場面は、物思いに耽《ふけ》るように自転車を押して会社に向かう浩介。せわしない日常の隙間のようなときだろうか。彼は並木道で子猫を見つけ、飼い主の女性と言葉を交わす。そして晴れやかな笑顔を見せる。社会では利害や打算のない関係はありえない。そうでありながら、どこにでも出会いの可能性は開かれている。そんなことを示唆する終幕である。

食と性と幸せのかたち　『ジョゼと虎と魚たち』（二〇〇三年）

朝食から始まる物語

主人公の恒夫《つねお》は大学四年生。就職を気にしつつも女の子を追っかけているような、ふつうの大学生だ。この作品では、彼の視点から、ある少女との出会いと別れが描かれていく。

あるとき早朝のアルバイトの帰りに、恒夫は足が不自由な少女を助ける。彼女は祖母の手を借りて乳母車で散歩していたところを不審者に襲われたのだ。少女と老婆を橋の先の家まで送った彼は、そのまま朝食をご馳走になる。見なれぬあばら家に初めは居心地の悪さを感じていた恒夫だが、最初に口にした味噌汁とだし巻き卵のおいしさに引き込まれて、ご飯をお代わりしてしまう。これをきっかけに恒夫と一家の付き合いが始まることになった。

恒夫は一人暮らしだ。それだけに老婆と少女の食卓に家庭の温もりを感じたのだろう。どんなご馳走でも、気まずい関係では、おいしいと感じることはできない。つまり、おいしいとは、ともに食べる関係が心地よいということだ。もしも女が料理を作り、それを男が「うまい」と言えば、それは将来の結婚を暗示しているのかもしれない。この作品の食卓の場面には、牧歌的な温もりがある。そこには見るものを幸せにする素朴な力がある。

初めのうちはご馳走になるだけの恒夫だったが、そのうち自分も実家の福岡から送られてきた明太子を持ち込んだり、食卓に彩りを添えるようになる。また福祉にくわしい同級生の助言で、市の補助金によるバリアフリーの工事を申請するなど、一家の生活に深く関わるようになっていく。

ところが、ある雨の夜、いつものように一家を訪れた恒夫は思わぬ拒絶にあう。きっかけは、彼が同級生の女の子と親しくしているところを少女に見られたことだった。彼女は頑是ない子供のようにものを投げつけ、老婆は「ここは、あんたはんが来るようなところやない」と冷たく言い放つ。少女は恒夫に淡い恋心を抱いていた。だが意中の人は別の世界の住人だという事実に、彼女は直面したのだ。二人の微笑ましい交流にも健常者と身障者の越えがたい断絶があった。この目に見えない断絶を縫うように作品は展開していく。

しばらく、あばら家から遠ざかっていた恒夫だが、あるとき老婆が死んだことを耳にして、家に残された少女のもとに駆けつける。そして帰り際に彼女に引きとめられて、いっそう深く付き合うようになっていく。少女は自分をジョゼと呼ぶ。それは何度も読んだフランス文学の主人公の名前だった。ジョゼは学校に通ったことがない。ゴミ捨て場で拾う本や雑誌だけが、彼女の知識の源だ。だから彼女の頭の中には、特殊な化学式や闇市場の拳銃の話などが、ゴミ箱のように雑多につめこまれている。だがジョゼの好奇心は伸びやかで屈託がない。乳母車で運ばれる彼女のこころは子供のようだ。

このこころのあり方は彼女の食や性にも当てはまる。ジョゼは食べることや抱き合うことに、わだかまりがない。恒夫が惹かれたのは、この素朴な意欲だったのだろう。

太古の夫婦

あるときジョゼは恒夫にねだって、動物園の虎を見に行く。檻の中で咆哮する虎にジョゼは身震いする。そして恒夫の手を握りしめ、「夢に見そうにこわい」とつぶやく。それは彼女が虎の存在をまっすぐに受けとめようとしたからだろう。またジョゼは自分は深い海の底から生まれてきたのだという。そこは不気味な魚たちが身をうねらせる沈黙の世界だ。ジョゼと虎と魚たちは、同じ世界の生き物なのだ。こうした生き物たちは、人間の社会では檻や水槽の中に捕われている。だが、ほんとうは人間の方が社会という堅牢な檻に守られて生きているのかもしれない。社会の外の野生の世界は人間には恐ろしい。

それでは恒夫はどちらの世界を生きていくのだろう。ジョゼとの時を重ね、それと並行して彼は会社で働くようになる。外見上は平穏な日々が流れていく。だが恒夫のなかでは二つの世界が激しく葛藤していたはずだ。

食と性は人間関係の原点である。それが健やかであれば、どれほど人間は幸せなことだろう。食と性は、こころのかたちを映し出す。換言すれば、食と性のかたちは、よく似ている。平和な食卓のあとには、睦まじい肌のふれあいがふさわしい。ジョゼと恒夫は和やかな食卓をかこむうちに、おのずと肌をふれあうようになった。

現代日本の風景にありながら、ジョゼと恒夫は、どこか太古の夫婦を思わせる。夫婦とは何か。それは夜と朝食をともにする関係である。夜と朝食をともにすることほど、二人の人間を深く結びつけるものはない。だが、どれだけ夜を重ねても、実際には素直な性の歓びはまれではないのか。

多くの場合、人々は社会を交錯するイメージを抱き、イメージを食べている。抱くべき人はここにいる。だが脳内を飛び交う社会のイメージが、彼や彼女を彼方に遠ざけるのだ。

恒夫はジョゼの手料理を実感を込めて「うまい」と言う。またジョゼは海辺で恒夫に背負われて「うち、好きや。あんたも、あんたのすることも」とつぶやく。ジョゼと恒夫の日々には、ともに食べて抱き合う実感があった。奇跡のような関係。二人の生活は橋の向こうのあばら家で、ひっそりと守られていた。だが、お伽噺は長くは続かない。いつまで身障者の女性を背負って生きていくのだろう。恒夫は将来を考えると不安にかられる。橋の向こうには、会社で昇進して家庭を築くという、ありきたりの行路が手招きしている。そんな青年の煩悶に決着をつけるのは、多くの場合、結婚という社会制度である。

訣別

物語の後半で、恒夫はジョゼをともない実家へ向かう。法事の機会に両親に会わせようとしたのだ。行き先は九州の地方の町。そこは保守的な家族関係が色濃く残る場所である。とくに法事とは保守性が強調されるときだろう。おのずと二人は結婚を意識する。それは社会の目を逃れるように営まれてきた関係の終わりを意味していた。

二人はクルマを借りて、ひとときの旅行に出かける。ありふれた風景も別れの予感に美しく彩られ、ジョゼの表情は素直な驚きにあふれる。だが目的地を前にして、恒夫はためらう。そして事情を知る弟に「ひるんだのか」と問われて、だまって電話を切ってしまう。何も言えずジョゼを抱く恒夫。こうして二人は目的を達せずに、もと来た道を帰って行く。

それから数か月して二人は別れた。その理由を恒夫はこう説明する。「別れた理由は、まあ、いろいろということになっている。でも、ほんとはひとつだ。僕が逃げた」。この逃げたという言葉には、これからの彼の人生に烙印を押す重さがある。それは見る者に、自分の生き方を問いかける言葉でもあるだろう。ジョゼに玄関先で別れを告げると、恒夫は町へと橋を渡っていく。その橋の向こうには学生時代の同級生が待っている。かつての彼女と、よりを戻したのだ。

続く場面で、恒夫と女性は歩道を歩いている。お昼時のため、女性はチェーン店の定食に誘うが、それを聞いて恒夫は思わずガードレールに寄りかかり嗚咽する。彼はジョゼとの食卓に背を向けた自分の生き方を泣いたのだ。その様子を道路の反対側からカメラが捉える。二人の様子は無数のクルマの往来で、よく見えない。恒夫の泣き声も騒音でかき消されていく。このクルマの往来は、これから彼が生きていく社会を象徴しているのだろう。

これから恒夫はチェーン店の定食のような結婚式をあげ、まっとうな社会人として生きていくはずだ。もしかしたら都会の雑踏のなかで、彼はジョゼのことを思い出すことがあるかもしれない。しかし、それもすぐにかき消されていくだろう。「別れても友達になれる種類の女の子もいるけど、ジョゼは違う。僕がジョゼに会うことは、もう二度とないと思う」。この最後の言葉は正確だ。社会への橋を渡った恒夫はジョゼの世界に背を向けたのだ。

最後の場面で、ジョゼは電動車イスに買い物袋を提げて、さっそうと街を走って行く。それから自分一人の食事を用意する。ジョゼが焼く一切れの魚。だが、それは不思議に孤独を感じさせない。

はぜながら焼きあがる魚の切り身は、これこそが食だと主張しているようだ。本当の生活はここにある。だが社会を生きるということは、それに背を向けることではないのか。そんなことを考えさせる作品である。

絶望を受けとめていた風景　『秒速5センチメートル』（二〇〇七年）

この作品は三つの短編から構成され、主人公である貴樹《たかき》と明里《あかり》の出会いから別れまでが描かれる。不思議な表題の意味は、さっそく冒頭で明かされる。まず一枚の花びらが水たまりに落ちて、波紋が広がる。すると、どこからか少女の声が聞こえてくる。「秒速五センチなんだって、桜の花の落ちるスピード」。季節は春。ランドセルを背負う二人は桜並木を歩いていく。ふいに駈け出した明里は線路の向こうでこちらを振り返り、貴樹に「来年も一緒に桜、見れるといいね」と微笑む。ところが駆け寄ろうとする貴樹は降りてきた遮断機に阻まれてしまう。二人を隔てて走り抜ける列車に、見る者は早くも二人の別れを予感するだろう。

親の仕事のために、貴樹と明里は転校をくり返してきた。そのため思春期の入口で出会いつつも、中学入学を待たずに離ればなれになってしまう。二人が惹かれあったのは、どちらも孤独だったからだ。マクドナルドでデートする場面では、二人はポテトで絶滅した恐竜を作って遊ぶ。まるで貴樹と明里は孤独な恐竜のようだ。恋とは孤独の底で存在と存在が出会うことではないだろうか。だが恋は日常では情欲にまみれてしまう。だから恋の持続には距離が必要である。出会いの後に間もなく別れることになった二人は、この距離に恵まれたのだろう。そのため彼らはいつまでもお互いの面影を胸に抱いて生きるようになった。

その後、二人は文通を重ねる。だが貴樹が鹿児島に引っ越すと、それも途絶えがちになる。高校生となった貴樹が明里と手紙を交わしている気配は、もはやない。その代わりに、彼はだれにともなく宛先のないメールを打つようになった。こうして二人の関係は希薄になり、物語の表層から消えていく。だが映画の最後に大人となった二人は偶然、踏切ですれ違う。しかし、走り抜ける列車によって再び隔てられ、桜の花が舞う街の中をそれぞれの方向へと去っていく。

この映画の風景描写は息をのむほど美しい。クラスメートに冷やかされて、小学生の二人が逃げていく学校の廊下。明里が待つ栃木の町へと貴樹が旅立つ新宿駅。あるいは社会人となった貴樹が一日の仕事を終えて悄然と歩いていくビルの谷間。これほど美しい都会の日常を私たちは目にしたことがあるだろうか。だが、これらの風景は決して幻想ではない。それは秒速五センチで落ちていく花びらのように、知られることのない唯一の現実なのだ。

道端の水たまりに花びらが落ちて、波紋が広がる。その波紋は宇宙の無限へと通じている。つまり花びらは無限の一点として、ここにある。しかし、日常はあわただしく過ぎていく。日常の視野に事物の無限の背景は映らない。この事物の無限を取りもどす仕掛けが貴樹のモノローグである。彼のモノローグは基本的に過去形で語られる。現在はあわただしく流れていく。それは過去となり完結することで、初めて本来の姿を現すのだろう。過去を振り返ることは見失われた事物の背景を取りもどす営みなのだ。事物の無限の背景と出会うために、私たちは時間的距離を必要としている。

それでは美しい風景は、それに気づかないものには意味をなさないのだろうか。あるところで監督の新海誠《しんかいまこと》はこう語っている。描きたいのは、ただの風景ではなく人間をふくめた情景なのだと。

つまり、絶望的な状況にあるときも人間は一歩退けば美しい情景のなかにいて、その美しさの一部をなしている。このように「人が美しい風景にふくまれていることを救いとして描きたい」のだと、彼は言う。二人の主人公の恋は別離に終わる。だが、そのすべてが美しい空に抱かれている。そこに深い希望を感じさせる作品である。

プラスチックの世界と少女の涙　『卒業』（一九六七年）

死の沈黙

作品は飛行機の客席の場面から始まる。着陸を告げるアナウンス。若い男の端正な顔つきがクローズアップで映し出される。着陸前の機長のアナウンスと同様に男の顔は無表情だ。次にカメラは視点を手前に引いて、客室全体を映し出す。冒頭の男と同じく、他の乗客たちも無表情のまま視線をさまよわせている。それは、ただぼんやりと前を眺めている目だ。彼らは、だれとも口を利かない。不気味な沈黙が客室に満ちている。ここには子供や赤ん坊はいない。乗客は相応の年齢で身なりも正しく、社会的に一定の立場にあることがわかる。おそらく一九六〇年代のアメリカでは、まだ飛行機はだれもが利用できる交通手段ではなかったのだろう。冒頭の場面の乗客たちは豊かな生活に恵まれているのだ。

この場面の後半から主題歌「サウンド・オブ・サイレンス」（The Sound of Silence 一九六四年）が流れ始める。静かな声がこう歌う。人々が「ネオンの神」（the neon God）に礼拝する社会。そこでは「一万人、あるいはそれ以上の人々が語ることなく言葉を交わし、耳を傾けることなく聞いている」。そして人知れず「癌のような沈黙が広がっている」（Silence like a cancer grows）。この曲の背景には、環境汚染を告発したレイチェル・カーソンの『沈黙の春』（*Silent Spring* 一九六二年）があると言われている。ここで沈黙とは技術社会がもたらす自然の死滅を意味している。このとき自然を滅ぼす人間社会も死と無縁ではいられない。産業社会は成長を続ける。その背後には死のような無気力が隠れているのだ。冒頭の乗客たちの表情には、こうした事情が直観的に示されている。このわずかな描写で観客は作品の主題を予感することになるだろう。

空港に到着すると、主人公の青年は歩行エスカレーターで先に進む。長い移動のあいだ、彼は口を閉ざしたまま定められた方向へと運ばれていく。ときおり、すれ違う人を目で追うが、その視線は決してだれとも交わらない。この場面は、これまでの彼の生き方を示唆しているのだろう。次の場面では、機内に預けた荷物がベルトコンベヤーで運ばれてくる。これも定められた行程で構成される社会の比喩かもしれない。ようやく荷物を受け取ると、青年は空港の外へと歩み出る。こうして物語が始まる。

主人公のベンは大学を優秀な成績で卒業して、実家へ帰るところだ。彼はクロスカントリーの中心選手であり、新聞部でも副部長として活躍した。この小さな英雄を地元は熱狂的に迎える。両親は自慢の息子にスポーツカーを買い与え、旧知の友人を呼んでパーティを催す。だがベンのこころは晴れない。自宅での最初の場面は、熱帯魚の水槽を背景に黙り込む、彼の姿を映し出す。階下では招待客たちが主役の登場を待ちわびている。しかし、彼には人間の言葉の通じない魚の世界の方が心地よい。晴れの日にふさぎ込む息子を見て、父親は心配事でもあるのかとたずねる。それに答えて、ベンはためらいながら「将来のことで」と口にする。そして続けて「僕がなりたいものは」と言いかけるが、その言葉は結ばれることなく、途中で消えてしまう。彼には自分が何になりたいのかわからない。

ベンは輝かしい経歴を築いてきた。その前途は洋々としている。だが、彼は決められた道を歩いてきたにすぎない。大学を卒業して将来を決めるときになり、彼はこころの底に何の願いもないことに気づいたのだ。ベンは何も手につかず、無気力な生活に落ちていく。ただパーティ客の一人の言葉が青年の胸に突き刺さる。会場を去ろうとするベンを呼びとめて、実業家の初老の男が「ただ一言だけ」と声をかける。男はベンの肩を抱いて、ゆっくりと印象深く「プラスチック」(plastics)と口にする。それは前途有望な業種であるプラスチック業界のことだった。ところが、ここには「人工的な/偽物の」(plastic)という第二の意味が込められている。それは巨大なアメリカ社会が人工的な構成物であることを暗示しているのだ。

ベンの目前に広がる洋々たる未来。彼ならばアメリカ社会で成功を収めることができるだろう。だが、それはネオンの神が支配する偽りの世界だ。そこでは人間は仮面を強いられ無表情になっていく。おそらくベンの無気力とはアメリカ社会の裏面の真実なのだ。大学を卒業した青年は、どこへ行くのか。それは同時代の観客たちが共有する問いでもあっただろう。

偽りのない涙

主人公の青年は大学で輝かしい経歴を築いてきた。ところが卒業後は一転して深い無気力に落ちる。この落差の理由は何だろう。ここには社会制度と人間心理の秘められた関係があるようだ。

会社や学校は、なすべきことが明確に示されている場所である。そこでは意味を問うことなく、目前の課題をこなしていけばいい。スポーツや学業で主人公が結果を残すことができたのは、深く根拠を問うことなく課題に取り組んできたからだろう。それは一見すると意欲的な生活である。だが、その生活を規定していたのは学校という制度である。冒頭のパーティの場面で初老の男がつぶやいたように、それはプラスチックで固められた作り物の世界なのだ。

たしかに学校からの卒業は一時的な解放感をもたらすだろう。ベンにも一定の達成感があったに違いない。だが、その喜びは長続きしない。なぜなら所属から解き放たれた喜びは、すぐに、どこにも所属しない不安へと反転するからだ。この不安が彼の根本気分をなしている。しかし、実家での暮らしは安逸をゆるされていて、それなりに快適である。そのため日々の暮らしに沈んだまま、主人公は無気力に時を過ごしていく。不愉快な憂鬱を抱えたまま、彼は人々の称賛に作り笑いで応えている。

冒頭のベンの表情は、こうした心理を如実に語る。その端正な顔つきは愛想笑いを浮かべるか無気力かのどちらかだ。彼は決して本心を語らない。そもそも本心など、どこにもないのだろう。スクリーンで人々が交わす言葉は社交以上のものではなく、彼ら自身のこころから発していない。そこには本来の意味での言葉がない。この作品ではプールや水槽など、何度も水のモチーフが現れる。それは言葉が失われた沈黙の世界であり、それゆえに不安な日常の浮遊感を暗示しているのだろう。

この無気力な青年が年上の女の誘惑に落ちたのは、必然的な成り行きだった。両親の知人であるロビンソン夫人は、ベンの卒業パーティを利用して巧みに彼に近づく。若者は一度は女の誘いを拒絶した。おそらく彼には大学時代の緊張感がわずかに残っていたのだろう。ところがその後、彼は自分から夫人をホテルに呼び出す。明確な方向を持たない欲求は手近な悪徳へと落ちていく。そこは安易な快楽の場所だ。こうして主人公の青年は性の戯れにおぼれていく。

ロビンソン夫人も夫との生活に倦み、手近な刺激を求めていたのだろう。ドレスから下着まで完璧に着こなす彼女の姿は、かえって内面の空虚を映している。おしゃれなタバコの吸い方も退屈な日々の象徴だろう。こうして二人は夜のホテルで情事を重ねる。夫人に染まるように、ベンも強い酒やタバコを嗜《たしな》むようになる。そして夜の外出のために嘘を重ねるにつれて、その顔はいっそう虚ろになっていく。まだ帰省後には、わずかに見せていた大人社会への苛立ちは跡形もない。この泥沼のような状況から抜け出す道があるのだろうか。

そのころロビンソン夫妻の一人娘エイレーンが帰郷する。彼女はベンの高校の同窓生である。両親の目にも息子の生活はだらしない。そこで彼の転機となることを期待して、両親はエイレーンに声をかけるようにすすめる。なかば強要されたデートに反発しながらも、ベンは彼女を街へ連れだす。クルマのライトが交錯し、舗道にはゴミが散らかる繁華街。タバコをくわえた酔客たちを不安げに避けながら、彼女はベンについていく。この初めてのデートで彼女はストリップショウに案内される。不良を気取ったベンはダンサーに盛んな喝采を送る。だがエイレーンは椅子に身を固めたまま動かない。そしてステージの踊りが最高潮に達したとき、それに背を向けていた彼女の目から静かに涙がこぼれた。その光に打たれたようにベンはサングラスを取り払い、彼女を見つめる。そしてエイレーンを追って店を飛び出していく。

プラスチックの世界で人々が崇拝するネオンの神。この偽りの街で流されたエイレーンの涙。それはベンが初めて出会った、まっすぐなこころだった。そのとき彼は世界と自分の嘘に気がついた。そして夜の街のように真っ黒なサングラスを捨て去った。ここが作品の転換点だ。ベンはこころの底で探していたものに気づいたのだろう。ここから彼は直線的に行動する。まず広告塔の下で泣き続ける彼女をなだめると、彼はすなおに語り始める。卒業以来、何かに動かされているような不愉快な気持ちで、自分を好きになれないこと。まるで一種のゲームを演じているようで、そのルールに何の意味も見いだせないこと。

まっすぐなこころにふれることで、初めて人間はすなおになれる。ベンはエイレーンが好きになる。それは、ようやく訪れた彼の初恋だったのかもしれない。しかし、美しい恋物語が紡がれるには遅すぎた。すでにベンは嘘にまみれた暗い行為に身を浸している。自分の過去を拭い去ることは、だれにもできない。エイレーンとの未来を夢見る彼を、彼自身の過去が引きずりおろすことになるだろう。

恋と情欲の相克

作品の後半で主人公は少女を一途に求める。どうしてベンはエイレーンとの未来にこだわるのか。それは一時の気まぐれなのか。彼は彼女の涙によって偽りなきものに気がついた。この世界の虚構性を知らされた。その経験の確かさは彼女の存在とひとつである。たとえば海辺で自然の真実にふれたとする。その経験は海の風景と溶け合っている。どんなにありふれた海辺でも、そこは唯一の場所となる。同様に主人公にとって少女は別の人ではありえない。彼にとって彼女はかけがえのない人となったのだ。

これまで彼はロビンソン夫人との愛欲におぼれてきた。愛欲は人間から顔と言葉を奪う。それは社会の無表情と通じている。無垢な涙の光に打たれたとき、彼はベッドの上の情欲と同じものが社会を動かしていることに気づいたのだろう。もちろんベンにとってエイレーンは第二の情欲の場ではありえない。彼女が垣間見せてくれた世界を生きることが、今では彼の希望である。ベンはエイレーンと生きねばならない。だから彼は相手の承諾もなく、一方的に彼女との結婚を宣言する。

だが彼女はベンに不信感を抱いていた。彼は何かを隠している。そう彼女は直感する。青年は過去の情事を告白するが、もちろん詳細は語れない。ところが事実が露見する。少女がデートのために自室で着替えていたときのこと、母親とベンが相次いで姿を現す。二人は外の雨に体の芯までぬれている。エイレーンとの関係をめぐって、戸外で言い争っていたのだ。大粒の雨に日常の虚飾を洗い流され、二人は呆然と娘の前に立ちつくす。作中でロビンソン夫人が化粧のない容姿を見せるのは、ここだけだ。この二人の姿に、少女はただならぬ関係を直観した。

エイレーンはベンを捨て、大学町へ帰っていく。ベンも彼女の後を追う。だが母親の肌に手をふれた男を娘が受け入れることはないだろう。この作品は母と娘と男という特異な三角関係で構成されている。この異様な構造は何を意味するのだろうか。それは恋と情欲の背中合わせの関係である。恋には倫理的な緊張感がある。それは真実への思慕でもある。他方で情欲は底なし沼だ。そこでは快楽が自己目的となり、悦楽者を飲み込んでいく。本来的に恋と情欲は相容れない。だが生身の男女には恋と情欲は分かちがたい。ここに作中の三角関係の現実性がある。

主人公の青年は彼女の挙式の知らせを耳にする。彼は見知らぬ町へクルマを飛ばす。ところが目的地を前にして燃料が切れてしまう。両親にプレゼントされた赤いスポーツカーは埃にまみれ、もう廃車のようだ。それは豊かで無気力な生活の象徴だった。エイレーンとの未来を勝ち取るために、彼はクルマを乗り捨てて走り始める。

たどり着いた教会は沈黙につつまれていた。すでに挙式は終わりを迎え、新郎と新婦が唇を重ねようとしている。彼は絶望的に窓をたたき、ガラスの向こうの新婦の名を叫ぶ。正装した参列者は怒りをあらわに、神聖な場所への侵入者を口々にののしる。ところが、この場面には音がない。参列者は怒りに表情を歪めるだけで、まるで水槽の中の魚のように言葉がない。その様子に気づいた新婦は沈黙を引き裂くように彼の名を呼び返す。その声に打たれたベンは式場へと駆け下りて十字架を振り回し、新婦を奪い去る。この十字架には彼の信念が込められているのだろう。

教会から逃げ出すと、二人は停留所でバスの最後尾に乗り込む。若い二人は勝利の歓びを抑えきれない。ところが前方の乗客たちは花嫁と薄汚れた若者を奇異な目で眺めている。それは、どこか生活に疲れた老人たちだ。冒頭の旅客機の乗客と社会層は異なるが、彼らは同様に無気力な目をしている。若い二人の顔もバスに揺られながら次第に生気を失くしていく。その表情の意味を教えるように、ゆっくりと主題歌が聞こえてくる。「こんにちは暗闇よ、僕の古い友人よ」(Hello darkness, my old friend)。

カメラは遠ざかるバスを後方から捉える。小さなバスは砂埃を立てて去っていく。二人は何処へ行くのだろう。アメリカ社会のどこであれ、生活の厳しさが待つはずだ。そこで恋と情欲は相交じり、ひとつに溶けていくのだろう。清濁が混じれば濁となる。エイレーンは次第にロビンソン夫人となっていく。ベンが愛した二人の女性は、彼の人生の表裏をなしていた。だが若者の希望は日常の情欲と無気力に飲み込まれていくのではないのか。そんな予感とともにバスが彼方へと消えていく最後の場面である。

性愛の虚偽と真実　『セックスと嘘とビデオテープ』(一九八九年)

増殖する嘘

ジョン(John)とアン(Ann)は理想の夫婦。夫は有望な若手弁護士で妻は垢抜けて美しい。まるでテレビで見たことがあるような既視感に襲われる容姿である。学生時代はあらゆる男たちの憧れの的だったという。彼女は結婚を機に仕事をやめ、今は主婦として夫をささえている。住まいは静かな住宅地にあり、この広く明るい家も彼女のお気に入りだ。どこにも非の打ち所のない日々である。

ところがアンは空虚感を抑えられない。夫婦生活について問われると、魅力的な微笑みを見せた後で、なぜかため息をついてしまう。彼女にも、どうしてため息が口をつくのかわからない。それはどこから洩れてくるのか。完璧な生活にも目には見えない隙間がある。それは彼女の住まいを構成する不可視の要素なのだろう。作品で彼女は何度も言葉にならないため息をつく。まるで意識の底から何かがわいてくるようだ。それは正体がわからないだけに、彼女自身にも不気味である。このため息の正体を問うことが作品の縦糸をなしていく。

作品はセラピーの場面から始まる。女性がソファにすわり、セラピストを相手に最近の妄想を語っている。あるとき夫が捨てようとしたごみ。それが床に落ちてしまい、彼女の想像のなかで無限に増殖していく。もしも、このままごみが増え続けたらどうなるのだろう。そう考えて彼女は不安になる。実際には、アンは無類のきれい好きだ。彼女の家にはちりひとつ落ちていない。その美しい部屋には目に見えないごみが散らばり、今も増え続けているのだろうか。先週のセラピーでは彼女は飛行機が墜落する妄想を語った。墜落する飛行機とは彼女が生きる家庭や社会の暗喩かもしれない。家庭がごみでおおわれて崩壊する。そう彼女は怖れているのかもしれない。それでは家庭を崩壊させるほどのごみとは何なのだろう。

主婦の話を聞いて、セラピストは夫との性関係を尋ねる。ここしばらくアンはジョンに肌を許していない。夫への嫌悪が何に由来するのか妻は自分でもわからない。さらにセラピストに問われて、彼女は恥らいながら最近の自慰を告白する。つまり彼女は性の快楽に無関心ではない。もちろん夫の他に男性を求めているわけでもない。ただ彼に素直になれないのだ。外目には夫は理想的な男性の一人である。若くて稼ぎもよくベッドで女性を悦ばせる男なら、たいていの女は寄ってくるとジョンは自慢する。アンが男たちの憧れなら、ジョンも女たちのアイドルだろう。だが彼女は夫を信頼できない。彼のごみが増殖して彼女の世界を不愉快にするのだ。この妄想に根拠はあるのか。彼のどこから、ごみがわいてくるのか。それは現実のごみのように掃いて捨てることができるものではなく、彼らの夫婦関係を規定する不可視の要素である。

異人の登場

配偶者への不信感。それは具体的な形をとらなければ、漠然とした気分のまま忘れ去られたかもしれない。彼らの生活には取り立てて不具合はない。アンの場合も、セラピストに話を聞いてもらうことで気分をまぎらすこともできただろう。水中に溶け込んだ物質は一定の触媒を与えられると凝固する。空気を漂う不信感が意識の像を結ぶことになるのは、二人の生活に第三者が現れたからだ。それはジョンの大学時代の友人グラハム（Graham）である。作品の冒頭でクルマが道路を駆け抜けていく。そしてセラピストと語るアンの声を背景に若い男が町に下り立つ。彼は大学卒業後、九年ぶりに町にもどってきた。その到来がアンの不安な日常と絡み合うことが予感される始まりである。

ジョンとアンの夫婦にとってグラハムは異人である。その名前は特異な英国風。芸術家めいたふるまいで、黒い服をまとっている。それをジョンは喪服のようだとからかう。まるで死者のようなグラハムの生き方はジョンとアンの市民的日常を映し出すメディアの役割を果たすことになるだろう。そこに映されるのは平穏な日常の嘘である。まず彼は友人の家を訪れる。平日の昼間でジョンはいない。アンに会うのは初めてだ。ところが挨拶も終わらぬうちに彼はトイレを借りる。しかも、すぐにもどってきて、うまくいかなかったなどという。アンに結婚生活の感想を聞いてため息をつかせると、最後にまたトイレを借りる。その結果は語られない。たぶん、今度も、うまくいかなかったのだろう。

このトイレの逸話は何を示唆するのだろうか。初めて訪れた新築の家。そこで美しい人妻をまえに、二度も排便の話をするのは異様である。アンはため息をつくとき、日常を脅かすごみのことを考えている。客人が足せなかった用とは、おそらくごみに等しい何かなのだろう。どうやらグラハムもごみのような何かに苦しんでいるらしい。その意味でグラハムとの出会いはアンにとって自己の発見へと通じていく。だからアンはグラハムを怖れつつも惹かれ、この出会いによって大きく転回していく。それは彼女だけに止まらない。化学の触媒は自ら変わることなく他者を変化させる。だが人間関係の変化は化学とは異なる過程をたどる。グラハムはアンに作用し、アンに作用することで彼自身も変容していく。その実際は物語の結末を待たねばならない。

ある家庭を訪れた異人が触媒となり、空気中に漂う不信感を可視化していく。その先に見えてくるのは夫の不貞である。ジョンはアンの妹シンシア（Cynthia）と浮気している。それは家庭劇のひとこまにとどまらない。アンが語るごみとは、たんなる個人の妄想ではない。それはグラハムという遠来の他者と共有される社会的事象の比喩である。彼女の妄想が告げるように、ごみは家庭をこえて社会全体に増殖していく。ジョンの浮気とは社会における人間関係のひとこまなのだ。夫の不貞に気づいたとき、妻は妄想の正体にたどりついた。このとき妄想が嘘という言葉に結晶する。それは社会関係の形式を規定する言葉である。

家庭を蝕む社会の嘘

登場人物は四人。彼らは互いに規定し合い、その対比により独自の性格が与えられている。この作品は彼ら四人の視点から見ることもできるだろう。その意味では、だれかひとりを独立させることはできない。だが、かりに主役を立てるとすれば主婦のアンである。作品は彼女の声から始まり、彼女の姿で終わる。作品を通してアンは大きく変容していく。他の登場人物はアンとの関係から位置づけることもできるし、また他の登場人物の目からアンの輪郭を描き出すこともできるだろう。

アンの夫、ジョンは毎日、高層ビルの法律事務所で快適に仕事をしている。そのオフィスからは遠く街が見下ろせる。高級スーツにしゃれたネクタイ。彼は一流のものしか身につけない。依頼人も相応の地位の人ばかり。社会的成功への上昇気流に乗り、その顔は自信にあふれている。まぎれもなく自他ともに認めるエリートである。帰宅すれば、絵に描いたような家庭が待っている。食卓では彼は美食家だ。夕食のテーブルでは、手料理の味付けに注意を怠らない。そんなとき妻は夫の嗜好に従順である。彼にとって美しい妻とはスーツやネクタイと同様に社会的地位の添え物かもしれない。そこでは、こころの通い合いなど初めから求められていない。成功への過程で、彼は仕事と妻と新築の家を勝ち取ったのだ。

ただし、最近は仕事中に神経質な表情を見せることがある。初めて大きな訴訟を任されているからだ。彼が浮気をしているのは、そのストレスのせいかもしれない。作品ではジョンは妻を裏切る悪役である。この情事を軸に作品は展開する。だが社会の通例としては、たいした悪事とは言えないかもしれない。仕事のできる男が気分転換に女と遊ぶ。そんなことは街のどこにでも転がっている。しかし、妻への裏切りは仕事の憂さを晴らす酒とはわけが違う。なぜなら背信は嘘でくるまれ、家庭という親密な場所を侵食していくからだ。

なぜ情事の相手は妻の妹なのか。この危険な設定には、どんな意図が込められているのか。それは妻への背信を際立たせることだ。姦通は遠くで犯されるほうが、まだしも傷が浅い。アンとシンシアは仲の好い姉妹である。ふたりはけんかをしても、多くのことを率直に話し合う。まるで親友のような間柄だ。だが姉の背後で妹と通じることは、その胸を背中から刺し抜くことになる。アンは夫と妹を同時に失うことになりかねない。

ただし、作品ではアンとシンシアは最後に和解する。不倫をめぐり妹は決して嘘をついてはいなかった。意外にも姉が妹にわだかまりを見せる場面はひとつもない。アンが許せないのは裏切りの行為よりも言葉である。夫の浮気を予感したとき、妻は夫を問いつめた。「嘘はつかないで。浮気してたら怒るけど、嘘をついたら、もっと私は怒るから」。なぜ行為よりも、その隠蔽が重大なのか。それは嘘には底意があるからだ。いわば行為は一過性である。それは無邪気に過ぎていく。だが嘘は日常の暗部に巣くい、親密な関係を掘り崩す。近親者との密通は露見しないように、日々、嘘で塗り固められる。それは家庭の空気を汚染していく。家の中でごみが増殖するというアンの妄想は夫の嘘を直感していたのだろう。

言葉は人間をつなぐ橋である。嘘は、その虚偽の形式である。この嘘の関係は嘘の矛盾ゆえに持続しない。ジョンはシンシアに対して顔を使い分けている。彼女を情熱的に抱くとき、ベッドの上に家族関係は存在しない。そこにあるのは情欲だけだ。ところが夫婦の食卓で彼女のことが話題になると、この世界に不倫などないかのような顔をする。義妹と情婦。両者は決して一致しない。この二重の関係は関係自体の破綻へと通じている。ジョンにとってシンシアとの密通は他者関係の喪失を意味することになる。

このことは人目を忍んだ情事だけに限らない。ジョンの友人であるグラハムは直感的に弁護士（lawer）は嘘つき（liar）だと言い放つ。日当りのいいオフィスでも彼は平気で嘘をつく。作品では、若い弁護士がオフィスの電話を使う場面が何度もある。そのたびに彼は嘘をつく。依頼人との約束を嘘の理由で反故にし、さらに嘘を重ねて予定を変える。公私の別なく彼は嘘をつく。もはやジョンの日常は嘘なのだ。

ジョンの姿は社会関係の戯画である。社会生活では多少の嘘は避けられない。ときには暗黙の了解で虚偽の言葉が許容されることもあるだろう。弁護士が依頼人との約束を取り消すとき、その理由が本当ではないことは相手も気づいているのではないのか。それでも知らないふりして受け入れるのが社会の儀礼である。その意味で嘘とは社会における人間関係の形式なのだ。

作品でジョンは社会的成功を体現する。それは必然的に嘘を生きることを意味している。ためらいなく彼は嘘をつく。そこには何の反省もない。おそらく義妹との情事にも後ろめたさはないのだろう。彼はスポーツのように快楽を追求する。そのために妻を失っても態度を改めない。次の日にはオフィスでまたも嘘を重ねている。最後までジョンの性格は変化しない。このことは作品の構成において重要である。本作は家庭劇の一種である。その背景をなす社会は変わらない。書割りが動いては芝居にならない。ここで社会を体現するのがジョンなのだ。その意味で彼は最後まで嘘の権化である。

家庭を蝕む社会の嘘。そこに妻は違和感を覚えている。その違和感は言葉にならない。ただ彼女はため息をつくばかりだ。ジョンとアン。この夫婦は一緒にいながら最も遠い。おそらく妻は夫からは得られない何かを探しているのだろう。そこで彼女が遭遇するのは夫の浮気という小さな事象にとどまらない。夫の浮気の背景にある巨大な社会。社会の虚偽を照らす一隅の真実を彼女は探しているのではないだろうか。

聖女と娼婦の宗教性

アンとシンシアは仲の好い姉妹である。どちらも長く町に住み、たがいに連絡を欠かさない。母親も同じ町にいるらしく、作品では母親への贈り物のことで、姉妹が話し合う場面もある。ところが、彼女たちの性格は正反対だ。仲の好いことが訝しいほどに対称的である。そのため小さな意見の衝突は絶えない。アンはシンシアのことを外交的（extrovert）と呼ぶ。あるいは遠慮なく騒がしい（loud）と非難するときもある。この言葉には彼女の見方の偏りがある。むしろシンシアは自分の気持ちに素直なのだ。

彼女は絵を描いている。その住まいはポップアートの作品で飾られている。また鉢植えの植物が好みらしく、男たちは彼女に小さなポットをプレゼントする。だが絵では十分な稼ぎにならないのだろう。シンシアは場末の居酒屋で働いている。そこには男たちが日々の疲れをためて流れてくる。そんな酔客も彼女は自然体で受け流す。絵を描く気さくなバーテンダー。彼女はだれにも媚びないし、商売の顔も作らない。いつでも植物のように伸びやかだ。その意味では仕事でもベッドでもシンシアはシンシアである。それが社会倫理に敏感な姉の気にさわる。

アンはテレビスターのように美しい。その表情は他人の視線を意識している。いわば外向きの顔である。シンシアの美しさは種類が違うとグラハムはいう。彼女には大きな真珠のイアリングがよく似合う。彼女は若さを隠さない。耳飾りの真珠は若い身体の直接的な表現なのだろう。何ごとであれシンシアは率直である。それは姉が臆する異性関係で顕著である。ここで彼女の直接性は官能性となる。義兄との不倫も彼女はためらわない。シンシアはベッドでも挑発的だ。ジョンの快楽を満たしてあまりある。冷たい人形のような彼の妻とは大違いだ。この作品は公開当時、ジョンとシンシアの顔立ちが似ていると話題になった。快楽の果てに放心してベッドで顔を並べるふたりは、まるで実の兄妹のようだ。この配役は制作者によれば意図したものではないという。それは偶然の一致だったのだろう。だが快楽の追求において人間の表情は相似するのかもしれない。ジョンとシンシアは官能の歓びにおいて相通じている。

しかし、彼女は義兄を性の相手として受け入れつつも、軽蔑している。それは彼が嘘つき（liar）だからだ。なぜ嘘を嫌うのか。それは彼女が嘘ならざる何かを求めているからだろう。ジョンには利益と快楽がすべてである。その他のものは手段に過ぎない。利益と快楽のためなら嘘をついてもかまわない。他方でシンシアは何も隠さない。なぜなら彼女は「神様の前で貞操を誓ったわけではない」（I didn't take a vow in front of God）からだ。さりげなく言い捨てられたように見えて、この神という言葉には人知れない重みが込められている。

彼女は特に宗教的には見えない。だが作品で神に言及するのは、意外にもシンシアだけだ。嘘ならざるもの、真実への希求において、この姉妹は共通しているのだろう。そのため彼女は不倫に別れを告げることになる。シンシアは官能においてジョンとつながり、真実への思慕においてアンとつながる。その意味で彼女は夫婦の中間点に位置している。

登場人物は親しい関係にある。そのため彼らは名で呼びあう。ただアンとシンシアだけが姓を名乗る場面がある。アンは結婚後もビショップ（Bishop）という旧姓をミドルネームに残していた。この高位の聖職者を意味する姓を彼女たちは共有している。これは何を示唆するのだろうか。外目には姉妹は大きく異なる。姉は倫理に厳格で妹は性に奔放。まるで聖女と娼婦のようだ。この対称性の中心に宗教性が秘められている。

もちろん彼女たちの現実は宗教から遠い。シンシアは軽蔑する男に肌を許し、アンは倫理的に性を抑圧している。自分のからだが自分のものではない。その意味で、ふたりは身体を失くした存在である。こころとからだは、ふたつでひとつ。そのつながりに楔《くさび》を打ち込むのが嘘である。この分裂に苦しみつつ、彼女たちは両者の一致を求めている。そこに彼女たちの宗教性があるのだろう。それは真実の性であり、こころとからだが一致する関係である。聖女と娼婦。もっとも遠いところから、ふたりは中心へと歩み寄る。この歩みにおいて彼女たちは孤独な求道者である。こうしてシンシアは聖なる娼婦へ、アンは恋人と睦み合う聖女となっていく。

だが宗教が失われた社会で宗教性が実現するのか。この作品には教会や牧師の姿はかけらもない。ただカウンセラーが無力にも患者の言葉に耳を傾けるだけだ。このままでは彼女たちは神なき世界で神を求めて彷徨するしかない。それでは神なき日常のどこに神はましますのか。すべてをみそなわす目。ここで登場するのがカメラである。

神を代理するカメラの目

アンは夫の友人グラハムの来訪に気が重い。夫のような客を予想していたからだ。ところがドアの前に現れたのは芸術家風の男。長髪に安手のシャツ。どう見てもビジネスマンではない。どこに夫との共通点があるのだろう。その晩の食卓で、ふたりの関係が物語られることになる。彼らは大学時代の友人、それも、かなり親しい関係だったという（「ずっとまえは俺たちはとても仲が良かった」）。どうやら他人には話せない女性にまつわる危ない秘密さえ共有しているらしい。

ただしジョンとグラハムは何年も会っていない。この食卓の場面は九年ぶりの再会である。そのあいだにジョンは嘘を使いこなす大人となり、グラハムも別人になった（「あなたたちは今ではとても違うみたい」）。かつての享楽に疲れ、グラハムは世間に背を向けた。それが世を捨てた芸術家風の理由である。もはやグラハムは他者と関係を持とうとしない。何よりも彼は定住を嫌う。所有物はクルマとカバンひとつだけ。アパートを勧められても、鍵はクルマだけで十分だと拒絶する。やむなくアパートを探しても、家賃が高くても月単位の契約に固執する。もちろん電話は付けない。下宿に並ぶ本は図書館から借りたものばかり。それは収入の制約よりも、家財が増えることを避けるためだろう。

なぜ彼は関係を避けるのか。そこには過去の傷がある。作品では学生時代にジョンとグラハムが快楽に耽ったことが示唆される。それは「教会堂の裏庭の秘密の集い」（private services in the back of the chapel）という隠語で呼ばれていた。すでに教会堂の裏庭という場所が背徳性を暗示する。彼らは快楽のために他人を慰み物にした。そのために嘘を重ねた。グラハムは当時を振り返り、「僕は病的な嘘つきだった」（I was a pathological liar）と告白する。だれしも初めの嘘にはためらいがある。だが嘘も重ねれば馴れていく。そのうち空気のように嘘を呼吸するようになるだろう。そうなると嘘なしでは生きられない。その意味で「嘘は酒に似ている」と彼は言う。

だが彼は嘘つきになりきれなかった。そこがジョンとグラハムの別れ道となった。それ以来、彼は世間の裏道を歩いている。それでは何が道をわけたのか。虚言は他人を欺くだけではない。それは自分を深く傷つける。私たちは嘘をつくとき、こころを強く意識しないだろうか。それは嘘をつくとき、言葉がこころを見棄てるからだろう。嘘で快楽を手にしても、こころに歓びはないはずだ。そのとき傷つくのは、こころだけではない。こころとからだを言葉がつなぐ。言葉が嘘となるとき、こころとからだは致命的に引き裂かれる。それがグラハムの性的不能（impotent）の原因だったのだろう。

嘘とは社会における人間関係の形式である。社会は嘘で形成され、こころとからだは日常的に分裂する。もちろん表面上は陽気な笑顔をつくろうこともできるだろう。そのため社会の嘘は私的領域に沈殿する。最も遠いところで汚染が濃縮されるのだ。こうして性という暗い領域に社会生活の歪みが押し込められる。かつての友人ジョンとグラハムの性は対称的だ。前者は身体の快楽を追求し、後者は性的不能となる。後者には身体の交わりがなく、前者には身体の交わりしかない。実際には、どちらも、こころとからだが相互に疎外されている。

グラハムには奇妙な性癖がある。彼の下宿には女性の名前が記されたビデオテープが並んでいる。彼は直接の交わりを欲しない。ただ女性たちにカメラを向けて過去の体験を語らせる。そしてビデオの告白を視聴して性の満足を覚えるのだ。なぜか女性たちも満ち足りて帰っていく。この奇妙な営みは何を意味するのだろうか。かつての親友の秘密を知り、ジョンはポルノ雑誌でも事足りるはずだといぶかしむ。いかにも彼らしい発想である。シンシアはジョンをさとし、「彼には相手と知り合い交わることが大切なの」と教える。グラハムは他者との交わりを捨てたわけではない。ただ嘘のない関係を求めているのだ。それは女性たちの告白にしか得られなかった。そのため彼はビデオの世界を生きるようになった。

なぜ女性たちの告白には嘘がないのか。なぜ彼女たちはカメラに性の秘密を語ることができたのか。カメラのレンズには事実がそのままに映し出される。何も世間の価値で計られることはない。それは無条件の受容である。だがカメラは無機質な道具にすぎない。透明なガラスには何のはたらきもない。ただ、そこにはカメラを構える若者がいる。大きな目で相手を見つめ、彼は耳を傾けている。このときカメラのレンズが生きた目となる。すべてを受容する人格の目へと変容する。だれにも話せなかった過去。忘却の彼方に葬られていた性の秘密。女性たちは恥じらいながら言葉を紡ぐ。薄暗い下宿の片隅。撮影者と女性の他には、だれもいない。その告白を聴くのは彼だけだ。ここに教会の告解のような場所が実現した。

神に通じるカメラの目。この目に女性たちは受け入れられた。そして初めて自分を受容することができた。そこには大きな解放感があったはずだ。グラハムに過去を告白した直後、シンシアはジョンを呼び出す。この場面で彼女はかつてない大きな快楽を体験する。それは自分を受容された歓びだった。彼女は本当の歓びを知ったのだ。もはや虚偽の関係にとどまることはできない。これを最後に彼女は情夫に別れを告げる。

それではカメラの救いだけで生きることができるのか。グラハムと女性たちはレンズを介して交流する。そこには身体が欠落している。それは一時の関係でしかありえない。ビデオの告白という虚像の真実。それは人目を忍ぶ隠微な営みであらざるをえない。だが彼らが求めるのは本来の性だろう。換言すれば、こころとからだが一致する関係である。ここにカメラという小道具にとどまれない理由がある。

宗教が告発する日常

撮影の舞台はルイジアナ州のバトン・ルージュ。制作者の出身地で、どこにでもある特徴のない町だという。ここが撮影地とされたのは「どんな町でも起こる物語」を描くためとされている。ただし、それはアメリカ特有の物語ではないだろうか。登場人物の四人は白人。彼らはアメリカを建国した清教徒の末裔である。そこに伝わるのは厳しい宗教的倫理である。アンはセラピストに自慰を告白するとき、まるで死んだ祖父に見られている気がすると言う。祖父の目とは彼女の内心を律する倫理である。それは裕福な生活への埋没を許さない。宗教の目が安逸な日々にひそむ虚偽を告発するのだ。それが彼女にため息をつかせるのだろう。

宗教が告発する日常。それはシンシアやグラハムにも共通する。シンシアはジョンの嘘を軽蔑し、グラハムは社会の虚偽に背を向ける。彼らも同様に清教徒の末裔である。それでは名声と利益を追うジョンはどうなのか。たしかに社会的成功の追求は宗教とは無縁に見える。だがジョンの生き方もプロテスタンティズムの倫理が生み出した資本主義の精神（M・ウェーバー）かもしれない。その意味で作品の登場人物たちには宗教的伝統に養われた倫理が通底している。

作品の後半でアンが家の掃除をする場面がある。その様子は何かに取り憑かれているようだ。彼女は見えないごみを拭き取るように、何度も神経質に同じ動作をくり返す。ここにも宗教的な強迫観念の一種を認めることができるだろう。この場面で彼女は何かを見つける。夫婦の寝室で掃除機が奇妙な異物を吸い込んだのだ。彼女はスイッチを切って吸入口を確かめる。そこに絡み付いていたのは見覚えのない真珠の耳飾りだった。彼女は真珠を手にしたまま考え込む。そして、それが妹のものであることに思い至る。このとき、すべてが氷解した。夫の裏切り。これが彼女のこころを重くしていた異物の正体だった。

この場面は幾重にも巧みである。まず掃除機とは彼女自身の寓意である。それは主婦の身体の延長としてせわしなく働いている。ところが掃除機の中身はからっぽだ。そこへ家庭の空気が吸い込まれていく。それは彼女のこころを暗示しているのだろう。彼女のこころにはセラピストにもわからない何かがひそんでいた。それを可視化したのが吸入口の異物である。まるで胸底から何かを抉り出すように、アンは掃除機の中から耳飾りをつかみだす。それが妹のものだとわかったとき、彼女は真珠を強く握りしめた。それはわかるという言葉（grasp「つかむ・理解する」）の身体表現のようだ。真珠とは美しい女性の身体であり、それを貪る夫の背信を意味している。このとき彼女は夫婦の寝室にいる。この何よりも親密な場所が不倫の現場とされた。夫婦関係は虚偽だった。アンは真珠の耳飾りを迷いなく叩き壊す。

こころを重くしていた異物を抉り出し、アンは自分が欲するものを見定めた。それは嘘のない関係である。もはや彼女はため息をつかない。ここから終幕に向けて彼女は直線的に行動する。それとともに彼女の言葉も変化する。もはや主婦の曖昧な物言いは見られない。まず夫に会うと明瞭な言葉で離婚を告げる（「私は離婚したい」I want out of this mariage）。そして理由を問われると、上品な主婦には、はばかられる言葉を口にする（「ファックしろ」Fuck you!）。この言葉の原義は愛情のない性交である。たしかに夫には野合（fuck）しかなかった。その意味で彼女の言葉は正確だろう。アンが求めるものは、こころとからだが睦み合う真実の性愛である。もはや彼女が主婦として、この家にもどることはないはずだ。

夫の裏切りを知ると、アンはその足でクルマに向かう。ラフな黒シャツにジーンズ。長い髪は後ろに束ねただけで、櫛も通していない。もはや裕福な主婦の装いではない。シャツの色は葬儀屋（undertaker）と揶揄されるグラハムの身なりを思わせる。そして胸には大きな十字架の首飾り。この十字架は彼女が殉じる生き方を示している。

クルマの行先はグラハムの住まいだ。貞淑な人妻が、性の告白ビデオが撮影される下宿へと向かう。それは社会通念に反する行為である。彼女はクルマに乗り込むと両手で耳をふさぐ。そしてグラハムの住まいに到着すると、また耳をふさぐ。社会、世間、道徳。彼女は社会通念という雑音を遮り、自分の生き方を胸の十字架に確かめていたのではないだろうか。

雨の下の出発

アンは意を決してグラハムの下宿のドアを開ける。彼は気さくに彼女を迎え入れて飲み物を勧める。ところが、いつものレモンティーがない。彼は来客の表情に深刻さを見て取り、ラジオのスイ

最近の書評・記事から

『観光のレッスン』山口誠・須永和博・鈴木涼太郎

●読売新聞（佑氏）2021年3月14日

「観光を学ぶことは「リベラル・アーツ（自由になるための技能）」の実践的訓練でもあるという。観光の可能性を感じさせ，コロナ禍の収束が待ち遠しい」

『ラフカディオ・ハーンと日本の近代』牧野陽子

●神戸新聞 2021年3月14日

「ハーン＝小泉八雲は一つの価値観を強要するキリスト文明に対して，神仏習合，祖先崇拝を軸とする日本人の内なる生活にはそれを問い返す力があると見ていた。その思想の受容を通して日本の近代を考察していく」ほか,「山陰中央新報」2021年3月18日,「しんぶん赤旗」2021年6月20日,「熊本日日新聞」2021年7月31日など。

『震災と行方不明』
東北学院大学震災の記録プロジェクト・金菱清（ゼミナール）編

●サンデー毎日（元村有希子氏）2021年4月4日号

「（本書は）「行方不明」に焦点を当て，遺された人々の葛藤をつづる。……原発事故がなければ助けられたかもしれない命。取り戻せたであろう暮らし。絶望から自死を選んだ人がいる。子どもたちは避難先でいじめられた。……取材・執筆の中心はゼミの学生たちだ。被災者・遺族もいる。未曽有の災禍に真摯に向き合う彼らの文章は，静かな迫力に満ちている」

『六〇年安保闘争と知識人・学生・労働者』猿谷弘江

●図書新聞（加藤一夫氏）2021年7月24日

「61年前の戦後最大の社会運動である「60年安保闘争」を「運動のフィールド論」から，中心となった知識人，学生，労働者の動きを仔細に分析し闘争の全体像に迫った画期的な研究書」

●小社の出版物は全国の書店にてご注文頂けます。
●至急ご入用の方は，直接小社までお電話・ＦＡＸにてご連絡下さい。
●落丁本，乱丁本はお取替えいたしますので，小社までご連絡下さい。

新曜社

株式会社
新曜社

〒101-0051
東京都千代田区神田神保町3-9
電話（03）3264-4973
Fax（03）3239-2958
https://www.shin-yo-sha.co.jp/

■新刊

中山 元

わたしたちはなぜ笑うのか 笑いの哲学史

人はなぜ笑うのか。赤子の無垢な笑いからも，人が社会的動物になるために笑いは必須であろう。ソクラテスからデカルト，スピノザ，ニーチェ，フロイトまで，ユーモア，アイロニー，ウィットなどの笑いから哲学史をたどり，笑いの多様性と意味をも探る。

ISBN978-4-7885-1735-6 四六判 226 頁・定価 2530 円（税込）

内藤千珠子

「アイドルの国」の性暴力

現代日本の性暴力は，ナショナリズムとジェンダーの複合した形で現われている。具体的には，「アイドル」と「慰安婦」問題を中心に，戦時と現代に共通する「性の商品化」「身体の経済化」の問題として，文学作品や風俗のなかに鮮やかに浮き彫りにする。

ISBN978-4-7885-1734-9 四六判 288 頁・定価 3190 円（税込）

佐藤典司

資本主義から価値主義へ 情報化の進展による新しいイズムの誕生

情報化はモノから情報へと猛スピードで価値の中心を変化させた。資本主義はいまや危機的状況を深めつつ終焉を迎え，新しい「価値主義」の時代が始まっている。GDP で計られる価値から，市場を通さずに享受される多様な価値への，大転換時代の指南書。

ISBN978-4-7885-1740-0 四六判 304 頁・定価 3080 円（税込）

「よりみちパン！セ」シリーズ

新井紀子

増補新版 ハッピーになれる算数

「天声人語」で紹介されながら長らく入手困難だった名著の増補新版がついに登場！ YouTube が生まれた年，スマホ誕生前に刊行された本書は，時代が変われど私達が算数のどこで常に躓くのか，そして算数と「幸せ」の関係をさらにやさしく教授。

ISBN978-4-7885-1660-1 四六判 256 頁・定価 1980 円（税込）

新井紀子

増補新版 生き抜くための数学入門

本書が最初に刊行されたのはスマホが登場した年。それ以降大きな変化を見せた私達の日常を支え，世の中を面白くしていくために不可欠なのは，実は数学なのだ。大切なのは問題を解くことではなく，数学とうまくつき合えること。待望の増補新版！

ISBN978-4-7885-1661-8 四六判 296 頁・定価 2420 円（税込）

■新刊

大野光明・小杉亮子・松井隆志 編

メディアがひらく運動史　社会運動史研究 3

1968 前後から機関紙，ミニコミ，映像，雑誌など独立系メディアが簇生し，運動を切り開いていった。模索舎，画家・富山妙子，小川プロ映画自主上映，日大闘争記録，リブ資料，新左翼系雑誌，第一期『情況』，ヤン・イークスとベ平連等の運動史を追う。

ISBN978-4-7885-1733-2　A 5 判 240 頁・定価 2640 円（税込）

井上孝夫

社会学的思考力　大学の授業で学んでほしいこと

大学に蔓延する緊張感のない講義，過剰サービス，マニュアル化に甘んじてはいられない。あふれる情報の中から本質を見抜く思考力が求められる今こそ，社会学の出番。著者の授業例をもとに，知識偏重を脱して大学で頭を鍛える学び方を伝授する。

ISBN978-4-7885-1726-4　四六判 216 頁・定価 2420 円（税込）

栗田宣義・好井裕明・三浦耕吉郎・小川博司・樫田美雄 編

新社会学研究　2020年　第5号　【特集】社会学はなぜ社会学なのか

創刊 5 年を迎え，根源的に「社会学はなぜ社会学なのか」を問う特集に始まり，「公募特集　二〇二〇年代のフィールドワーク」では既存の社会的カテゴリーのまとう意味や事実性との繋がりを徹底的に疑う 3 論文を加え，ますます迫力を増す社会学専門誌。

ISBN978-4-7885-1707-3　A 5 判 224 頁・定価 2090 円（税込）

日本認知科学会 監修「認知科学のススメ」シリーズ

針生悦子 著／内村直之 ファシリテータ

4. ことばの育ちの認知科学

生まれて数年で語りだすヒトの能力。子どもは，話し声の中から「言語の音」と「それ以外」をいかに区別し，言語と言語以外から得られる情報を合わせて理解するようになるのか。言葉と音，気持ちや意味をめぐる謎を問い認知科学の面白さを味わう入門書。

ISBN978-4-7885-1720-2　四六判 116 頁十口絵 2 頁・定価 1760 円（税込）

横澤一彦 著／内村直之 ファシリテータ

6. 感じる認知科学

普段当たり前に体験する「感じる」こと，すなわち知覚とは？　外界情報を取捨選択，増幅，変形し表象として脳内に再構成する過程から，存在しないものすら感じられる能力により情動や行動が誘導されることの影響までも問う，新視点からの知覚の教科書。

ISBN978-4-7885-1719-6　四六判 126 頁・定価 1760 円（税込）

■発達心理学・質的研究

根ヶ山光一

「子育て」のとらわれを超える　発達行動学的「ほどほど親子」論

親・子にとって「溢れる愛」は幸せか。動物行動学とフィールド研究が教える，ほどよい親子の距離とは？ 周囲の関与とは？

ISBN978-4-7885-1713-4　四六判 288 頁・定価 3080 円（税込）

鈴木 忠

チャイルド・アートの発達心理学　子どもの絵のへんてこさには意味がある

へんてこなのに面白い子どもの絵。その発達的変化と多様性を心理学から解説し，汲めども尽きぬ不思議なアートの世界へと誘う。

ISBN978-4-7885-1710-3　A 5 判 192 頁・定価 2530 円（税込）

やまだようこ著作集 第5巻

ナラティヴ研究　語りの共同生成

人と人との共同生成によって生まれる生きた語りをどのように研究し，論文にするか。長年のナラティヴ研究の軌跡を一冊に凝縮。

ISBN978-4-7885-1703-5　A 5 判 504 頁・定価 5390 円（税込）

■社会・文学

山口 誠・須永和博・鈴木涼太郎

観光のレッスン　ツーリズム・リテラシー入門

観光とは観ることであり，自由へのパスポートである。文化的活動としての観光を探究する，画期的なツーリズム入門書。

ISBN978-4-7885-1706-6　四六判 194 頁・定価 1540 円（税込）

金菱清 編／東北学院大学震災の記録プロジェクト

永訣　あの日のわたしへ手紙をつづる

あの日の私へ，どうかこの手紙が届きますように。東日本大震災と原発災害から十年，被災者の声なき声の言葉を紡いだ31編。

ISBN978-4-7885-1705-9　四六判 224 頁・定価 2420 円（税込）

牧野陽子

ラフカディオ・ハーンと日本の近代　日本人の〈心〉をみつめて

ハーンが見つめ続けたものを，グリフィス，I.バード，サンソム，柳田，柳宗悦，龍之介など，多様な視線の中に浮上させる。

ISBN978-4-7885-1700-4　四六判 392 頁・定価 3960 円（税込）

澤井繁男

カンパネッラの企て　神が孵化するとき

ガリレオの友人でありながらアニミズム的自然観を維持して，ルネサンス期を奔放に生きた特異な思想家の今日的意味とは何か？

ISBN978-4-7885-1704-2　四六判 288 頁・定価 4180 円（税込）

■社会福祉・心理・教育

渥美公秀・石塚裕子 編

誰もが〈助かる〉社会　まちづくりに織り込む防災・減災

ふだんのまちづくりに防災・減災を織り込むことで，誰もが「あぁ，助かった」といえる社会をつくるための実践ガイドと事例集。

ISBN978-4-7885-1712-7　A 5 判 164 頁・定価 1980 円（税込）

坂口由佳

自傷行為への学校での対応　援助者と当事者の語りから考える

中高生の自傷行為。援助者である教師と当事者である生徒双方の豊かな語りの分析から，学校での望ましい対応の在り方を探る。

ISBN978-4-7885-1711-0　A 5 判 280 頁・定価 3960 円（税込）

J.ヘンデン／河合祐子・松本由起子 訳

自殺をとめる解決志向アプローチ　最初の10分間で希望を見いだす方法

初回セッションの最初の 10 分間をどう構築するかが自殺予防の鍵を握ると説く著者が，希望を見いだし生かす方法を丁寧に解説。

ISBN978-4-7885-1702-8　A 5 判 288 頁・定価 4730 円（税込）

赤地葉子

北欧から「生きやすい社会」を考える　パブリックヘルスの証拠は何を語っているのか

少子高齢化が進む中，子どもを安心して育てられる社会とは。北欧の事例を交えつつ，パブリックヘルスの視点からヒントを提示。

ISBN978-4-7885-1718-9　四六判 196 頁・定価 2200 円（税込）

T.R.デュデク&C.マクルアー 編／絹川友梨 監訳

応用インプロの挑戦　医療・教育・ビジネスを変える即興の力

企業や医療，教育，NPO 等の研修やワークショップで実践が広まっているインプロの考え方と実際の進め方，勘所を懇切に解説。

ISBN978-4-7885-1701-1　A 5 判 232 頁・定価 2750 円（税込）

園部友里恵

インプロがひらく〈老い〉の創造性　「くるる即興劇団」の実践

高齢者たちが舞台に立って即興で物語を紡いでいくインプロ集団の取り組みから，〈老い〉への新たな向き合い方が見えてくる。

ISBN978-4-7885-1708-0　四六判 184 頁・定価 1980 円（税込）

藤崎眞知代・杉本眞理子

子どもの自由な体験と生涯発達　子どもキャンプとその後・50 年の記録

解放的で自由な体験が，子どもたちの人生と周囲の大人に与えた影響とは。幼少期から 50 年におよぶ生涯的縦断研究の記録。

ISBN978-4-7885-1716-5　四六判 280 頁・定価 2530 円（税込）

■新刊

繁桝算男 編

心理学理論バトル　心の疑問に挑戦する理論の楽しみ

スポーツも学問も，良いライバル関係あってこそ進歩が生まれる。興味深い心理学の最先端のホットなテーマを，理論や仮説，その解釈の対立関係という視点からわかりやすく紹介。一般的なテキストにはない，心の謎に迫る心理学の楽しさを味わう一冊。

ISBN978-4-7885-1741-7　四六判 232 頁・定価 2530 円（税込）

李光鎬・渋谷明子 編著／鈴木万希枝・李津娥・志岐裕子 著

メディア・オーディエンスの社会心理学 改訂版

私たちのメディア利用行動やコミュニケーション等に関する社会心理学的な研究を体系的にまとめたテキストとして好評を得た初版を，メディアの利用状況の変化を反映してアップデート。自主的に学ぶための方法論・尺度等に関するコラムや演習問題も充実。

ISBN978-4-7885-1721-9　A 5 判 416 頁・定価 3300 円（税込）

P.J.コー 編／中村菜々子・古谷嘉一郎 監訳

パーソナリティと個人差の心理学・再入門　ブレークスルーを生んだ14の研究

遺伝学や神経生理学の知見を加え膨大で多様になっているこの領域を切り開いた革新的な 14 の研究を取り上げ，その背景と理論・方法の詳細，結果，影響，批判について懇切に解説。入門者のみならず，研究者も立ち止まって学び直すための必携の参考書。

ISBN978-4-7885-1723-3　A 5 判 368 頁・定価 3960 円（税込）

荒川 歩 編

はじめての造形心理学　心理学，アートを訪ねる

「心理学は美術や芸術を測ったり言葉で説明して解明できると思ってるの？」率直な疑問をぶつける美大生と心理学専攻生が会話を交わしながら，知覚のしくみ，世界の認識と脳や文化のかかわり，絵やデザインの創造と鑑賞について学ぶ新感覚のテキスト。

ISBN978-4-7885-1722-6　A 5 判 208 頁・定価 1980 円（税込）

日本質的心理学会『質的心理学研究』編集委員会 編

質的心理学研究 第20号 【特集】プロフェッショナルの拡大，拡張，変容

複雑化する社会，想定外の事態，多様な生き方に専門職はどう応えることができるのか。特集は拡大，拡張，変容するプロフェッショナルを捉えなおす契機となりうる論考２本を掲載。一般論文は過去最多の 16 本。書評特集ではアジアの質的研究を概観する。

ISBN978-4-7885-1714-1　B 5 判 360 頁・定価 4180 円（税込）

■新刊

西村ユミ・山川みやえ 編

ワードマップ 現代看護理論 一人ひとりの看護理論のために

看護理論は取っつきにくくて難しい？　実践から理論を捉え直し，理論を実践に活かすために，現場の言葉をキーワードに看護理論のエッセンスを事例に照らしながら平易に紹介。臨床経験豊かな執筆陣による看護師「一人ひとりのための看護理論」の提案。

ISBN978-4-7885-1724-0　四六判 288 頁・定価 3080 円（税込）

戈木クレイグヒル滋子 編著

グラウンデッド・セオリー・アプローチを用いた研究ハンドブック

グラウンデッド・セオリー・アプローチは解説書も多くあるが，学ぶことと実践の間には大きな隔たりがある。GTA の基礎を学んだ人が実際に用いる際のサポーターとなるよう，研究事例で留意点を懇切に解説した，実践的ハンドブック。

ISBN978-4-7885-1727-1　A 5 判 192 頁・定価 2310 円（税込）

B.A.ティアー／舟木紳介・木村真希子・塩原良和 訳

論文を書く・投稿する ソーシャルワーク研究のためのポケットガイド

原稿を書くうえでのコツや遵守すべき要項とは？　投稿先の学術雑誌をどのように選び，どんな点を考慮して投稿，再投稿に臨めば良いか？　論文を書き，投稿するために押さえておきたいポイントを，簡潔かつ具体的に解説したガイドブック。

ISBN978-4-7885-1725-7　四六判 128 頁・定価 1760 円（税込）

北出慶子・嶋津百代・三代純平 編

ナラティブでひらく言語教育 理論と実践

異なる価値観や生き方がすぐ隣り合わせにある言語教育の現場は，現代社会が取り組むべき課題にあふれている。そこで着目したのがナラティブ・アプローチである。単なる語学学習を超えて社会課題の解決にもつながる言語教育の新たな可能性とは。

ISBN978-4-7885-1731-8　A 5 判 208 頁・定価 2640 円（税込）

渡辺恒夫

明日からネットで始める現象学 夢分析からコミュ障当事者研究まで

現象学は難しそう？　いや，自分自身の体験世界を観察してその意味を明らかにする身近な学問なのだ。明日の朝から夢日記を付けてウェブにアップ！　ネットの「コミュ障」の相談事例に挑戦！　予備知識無しに現象学するための，画期的手引き。

ISBN978-4-7885-1729-5　四六判 224 頁・定価 2310 円（税込）

新曜社 新刊の御案内

Mar.2021～Aug.2021

■新刊

日比野愛子・鈴木舞・福島真人 編

ワードマップ 科学技術社会学（STS） テクノサイエンス時代を航行するために

現代社会はテクノサイエンスからできている。その迷路に切り込むための最先端の手法，科学技術社会学（STS）のエッセンスを自然，境界，過程，場所，秩序，未来，参加という7つのキーコンセプトで，理論と実践の両面からひも解く画期的な入門書。

ISBN978-4-7885-1732-5 **四六判 200 頁・定価 2530 円（税込）**

猿谷弘江

六〇年安保闘争と知識人・学生・労働者 社会運動の歴史社会学

戦後最大の社会運動といわれる六〇年安保闘争。にもかかわらずこの運動の実態はあまり明らかになっていない。知識人・学生・労働者という三つの主体に焦点を当てて，この運動の力学と構造を社会学的に解き明かす。気鋭の研究者による意欲的試み。

ISBN978-4-7885-1717-2 **A 5 判 392 頁・定価 5500 円（税込）**

実重重実

感覚が生物を進化させた 探索の階層進化でみる生物史

ダーウィニズムの言うように，進化は遺伝子の突然変異に始まり，生物は受動的に環境から選別されるだけの存在なのだろうか。21世紀生物学の知見を踏まえ，生物の感覚や主体性も生命の階層進化に関わっていることを，様々な事例で生物の歴史からたどる。

ISBN978-4-7885-1730-1 **四六判 272 頁・定価 2750 円（税込）**

やぎひろみ 著・横山ふさ子 絵

いのちに寄り添う自宅介護マニュアル これから介護と向き合うあなたに

誰にも訪れる老いや衰えは，命をまっとうする尊い過程ともいえる。高齢者の食，住，排泄，睡眠などを無理なく自然にサポートする工夫を，自宅で母親を10年間介護した著者が紹介。身近なグッズ利用やアイディアも満載の，新しい視点の介護マニュアル。

ISBN978-4-7885-1728-8 **A 5 判 184 頁・定価 1980 円（税込）**

ッチを切り、それからコップに水を注いで相手に渡す。静寂な空間と不純物のない飲み物。ふたりをへだてるものは何もない。社会の虚飾は遠ざかり、アンとグラハムは素顔で向き合う。長年の問題を決着する時が来たのだ。さりげない演出に作品が終末に近づいていることが示唆される。

まずアンはグラハムにビデオなどのお金の工面をたずねる。グラハムは庭に金貨の壺を隠しているなどと話をはぐらかす。この場面は緊張を和らげる言葉遊びにとどまらない。実際のところ、彼がどう生活費を手にしているのかは、わからない。この言葉遊びにはグラハムの生活感のない抽象性が示されている。ジョンはグラハムを「真実の使徒」(Mister Apostle of truth) と呼ぶ。日本語字幕では「真実の天使」とされているが、可能な意訳だろう。たしかに天使は地上に住むことができない。彼は何年も社会や女性との関係を絶ってきた。それは嘘を避けるための隠者のような生き方だった。ただビデオを介した虚像の関係だけに嘘のなさを求めたのだ。どうすれば社会に背を向けたあり方を転ずることができるのか。それは愛し愛されることによるしかないのだろう。

アンは告白ビデオを撮るようにグラハムを促す。多くの女性たちが彼の撮影に応じたのは、長年の性の抑圧から解放されるためだった。だがアンは一歩先を見据えていた。それは彼と真実の関係を結ぶことだ。彼女も初めは型通りの質問に答える。ところが次第に様子が変わる。彼女は性の歓びを知らないことを率直に告白し、それを自分に与えて欲しいとグラハムに迫る。だが彼は愛の関係を結ぶことができない。現実の女性から距離をとるために、ビデオを盾に自分を守ってきたのだ。

アンはグラハムを逃がさない。彼女には、もう帰る家はない。まるで太刀を打ち込むように、彼女は明瞭にたずねる。「もしも私を愛したら抱けるの」(If you were in love with me, would you?) それは仮定法で語られた愛の告白だった。愛するものは愛されるものよりも、つねに強い。このとき、ふたりの攻守が逆転する。問うものが問われるものとなり、見るものが見られるものとなる。アンはカメラを取り上げてグラハムにレンズを向け、問いを重ねる。彼は次第に追いつめられていく。何かを隠すように饒舌になり、それからカメラに背を向けて子供のように顔をおおう。この予想しない展開にグラハムは混乱していた。彼は「自分でも自分が何者なのかわからない」（I don't have the slightest idea who I am）。本当は隠者の生活に終止符を打ちたいのだろう。彼が九年ぶりに故郷にもどったのは、「ある種の決着を付けるため」（for a sense of closure）だった。だが自分では何も変えられない。グラハムは言葉を失くして窓際の椅子に力なく坐り込む。その窓の外ではクルマが往来している。それは彼が背を向けた社会を示唆しているのだろう。

なぜアンはグラハムとの関係を求めるのか。彼女は彼の嘘のなさに家庭の嘘を自覚した。夫との生活は嘘にまみれていた。グラハムとの出会いがアンに離婚を決意させたのだ（「私は夫と別れる。（…）その理由のひとつはあなたよ」）。しかし嘘の自覚はまだ問題の解決を意味しない。あらゆる嘘を拒絶するなら世間を捨てて生きるしかない。もちろん平凡な日常にももどれない。それでは、どこに嘘のない場所があるというのか。真実の出会いは孤独の底にしかないのだろう。この孤独の底で病者と病者がひっそりと出会った。アンは「あなたを救えるかもしれない」（I can help you）と言う。それは飾りない愛の告白である。彼女は愛のままに身を委ねる。それは一方的な贈与ではない。彼を救うことで、彼女もまた救われるのだ。

彼女は胸の十字架に手を当て、何かを決心するように大きく息をつく。そして椅子にうずくまる彼の背に手をあてる。彼女の手を感じて彼は静かに目を閉じる。ゆっくりとふれあう体と体。そこには肌の温もりだけがある。こころは体となり、体の他にこころはない。自分が偽りなく自分であり、愛する人もその人自身となる。それは奇跡のような関係ではないだろうか。ふたりはソファに身を横たえる。ここでグラハムはアンを制して立ち上がり、ビデオのスイッチを切る。ここから先はカメラが捉えることのできない、余人の立ち入れない領域である。ただ、ふたりの温もりだけが余韻のようにスクリーンに残される。

作品の最後に後日談が挿入される。ジョンは妻を失い、荒んだ様子だ。ところが前非を悔いることもなく、相変わらず職場で嘘をつき続けている。それは社会の常を示しているのだろう。アンはシンシアの居酒屋を訪れる。姉妹の和解の場面である。このときアンは地味な事務服を着ている。どうやら仕事を始めたらしい。午後は忙しいから電話しないでと彼女は言う。決して楽な仕事ではないようだ。たしかな生活を始めた落ち着きが、そこにはある。

最後の場面はアパートのポーチ。グラハムが段差に腰かけて新聞を広げている。目を走らせているのは政治欄か社会欄、それとも求人広告だろうか。人影に気づいて顔を上げると、彼の表情に笑顔が広がる。恋人を両手で迎えると、グラハムはアンと並んで腰かけて、愛おしそうに手と手を絡める。もう彼女の手に指輪はない。彼女が空を見上げて「雨が降りそうね」(I think it'll rain)と言う。彼は手のひらを空にかざして、「もう降っているよ」(It is raining)と答える。ここで作品は溶暗する。

どんな未来がふたりを待つのだろうか。旅立つふたりに雨が降る。この雨が降り止むことはないだろう。ささやかな真実は社会の片隅でしか生きられない。彼らに日の当たる場所が恵まれることはないだろう。だが雨粒を手のひらで受ける彼の表情は晴れやかだ。すでに彼は過酷な日々を受け止めようとしている。その姿は深く穏やかである。これからは彼のとなりに彼女がいる。ふたりはこころと言葉を偽ることなく生きていく。そこだけが唯一の生きうる場所となるのだろう。

Ⅳ　社会という意識のゲーム

不可視の権力を透視するメガネ　『桐島、部活やめるってよ』（二〇一二年）

学校という意識の宇宙

　高校二年生たちの五日間の物語。作品は放課後の廊下から始まる。スクリーンには女子生徒の背中が映し出される。彼女は赤いジャージに身をつつみ、どうやら部活の練習中らしい。女子生徒は教員に連れられて職員室へと向かう。教師は彼女に何を告げるのだろう。もしかしたら、この生徒が主人公かもしれない。そんな期待を込めて見ていると、カメラは途中で少女の背中からはなれてしまい、職員室の別のデスクに向かう。そこでは二人の男子生徒が映画部の顧問と話し込んでいる。どうやら次回作の方針が問題になっているらしい。この冒頭のカメラワークは、学校には生徒の数だけ視点があることを示している。

　どの生徒にも自分の世界がある。それは見落としやすい事実だろう。この映画では同じ場面が異なる視点から何度も映し出される。作品は八章で構成されるが、冒頭の三章はどれも「金曜日」と題され、同じ一日が三者の視点から示される。これは原作小説にはない映画独自の工夫である。この手法は最後の「火曜日」までつらぬかれる。さりげない教室でのしぐさが、本人とそれを見ている生徒では違って見える。それに背を向けて本を読んでいる生徒には、また別の意味があるのかもしれない。この作品を経験すると、教室のざわめきも生徒によって別様に聞こえていることが実感される。特定の生徒を学校の中心におくのではない。人気者、熱血男子、部活の補欠、映画オタク、澄ました美人とその取り巻き。こうした生徒間の微妙な温度差を等距離で映していく。ここに作品の功績のひとつがある。

しかし、生徒たちの視線は無方向に拡散していくわけではない。彼らの意識は教室の人間関係に絡め取られていく。この学校では生徒の関心を引きよせるひとつの名前がある。それがキリシマだ。イケメンでスポーツ万能。付き合う彼女は学校一の美人。多くの生徒にとって桐島は遠くに見上げるカリスマである。なぜ彼の存在は他の生徒の意識を引きつけるのか。それは生徒たちが桐島に憧れており、彼を頂点として序列化されているからだ。学校で生徒たちは微妙な差異で格付けされる。容姿、成績、ファッションセンス。それは若者共通の関心事だろう。彼らは序列の近いものでグループを形成する。さらにグループのなかでも個々のメンバーは微妙な違いで差異化される。それは一種の意識のゲームである。

生徒たちの視線は教室を自由にさまよう。しかし、彼らは同時に他者の意識に束縛される。学校は社会の一部にすぎない。ところが学校はときに生徒のすべてとなる。どんなに小さなビンでも、ふたをすれば、そこは小さな宇宙である。教室で織りなされる人間関係に絡み取られて、もはや外へ逃れることができない。そうなれば生徒の意識は学校という小さな空間に閉ざされてしまう。この作品では特別な事件は何も起きない。ただ一人の生徒が部活をやめるという噂が学校を駆けめぐる。それが生徒たちの意識に立てるさざなみが視覚的に切り取られていく。

「桐島、部活やめるってよ」。この表題を見れば、だれもが作品の主人公は桐島だと思うだろう。

ところが桐島は最後まで登場しない。つねに生徒たちの話題にのぼり、今にも現れそうでいながら、彼は決して姿を見せない。つまり桐島は不在のまま仲間たちの意識を占有している。たとえばバレー部では桐島の代役として万年補欠の小泉が抜擢される。ところが彼は自分とエースと比べることで劣等感に苛まれる。チームも大黒柱の不在という負のイメージを振り払うことができない。

まっとうに考えれば、おそらく桐島はどこかにいるのだろう。だが生身の存在の有無は問題ではない。重要なのは、桐島という上位者の観念がスクールカーストの頂点をなしていることだ。その意味で彼の名前は教室に秩序を与える権力装置である。権力は目には見えない。それは意識に埋め込まれ不可視のままで人々を支配する。その意味で彼が姿を見せないことは、名前による観念の支配にとって効果的である。

ところが桐島の影響を受けないグループが、ひとつだけある。それは映画部である。彼らはオタクの集まりで、だれにも相手にされない。言い換えれば、映画部は学校秩序（スクールカースト）の最底辺、あるいは秩序の外（アウトカースト）に位置している。しかも、そこから這い上がろうとするわけでもなく、むしろ、そこに安住している。それゆえに彼らは学校という権力秩序に縛られない。ただ彼らは好きに映画を撮りたいだけだ。だから、そのままで、ひょうひょうとしている。

意識のゲームを可視化するレンズ

学校では生徒たちの無数の意識がうごめいている。それは海原のイワシの大群のようなひとつの生き物である。無数の意識はたがいを意識して絡み合い、決して群れを離れることがない。この巨大な群れは終業のベルとともに次第にほどけていく。そしてクラブ活動や家路に向かう仲良しグループなど、より小さな単位へと分かれていく。

どのクラブにも、その場をまとめる一定の方向性がある。それは運動部であれば試合を勝ち抜くことであり、文化部であれば発表会で好成績を収めることだろう。この方向性に従いメンバーは序列化され、それはクラスの人間関係にも反映する。作中の学校では桐島を頂点とする秩序があり、生徒たちは放課後もこの秩序のなかで意識のゲームを続けている。これは日本社会の戯画なのだろう。企業、宗教、スポーツチーム。どの集まりにも一定の方向性があり、それを視覚化する神聖な名前（目標）があるのではないだろうか。この名前が組織を束ねる不可視の権力として働いている。

ところが映画部だけは秩序の力が及ばない。彼らは権力構造の外にいる。映画部員たちは放課後になると薄暗い部室にたむろして、漫画やゲームに興じている。どうやら映画作りにも、それほどのこだわりはなさそうだ。この映画部が初めてコンクールの一回戦を突破する。作品の表題は『君よ拭け、僕の熱い涙を』。脚本を手がけたのは顧問の教師である。ところが、この快挙も全校集会で紹介されるや学校中の笑いものになる。とにかく映画部が現れるところ、だめオーラが立ち上る。体育のチーム分けでも、役に立たない彼らはゴミ扱いされる。

しかし、映画部長の前田は顧問主導による続編作りだけは受け入れようとしない。その代わりに彼は宇宙ゾンビが活躍するSFホラーを提案する。作品の表題は『生徒会・オブ・ザ・デッド』。彼は何にこだわっているのだろう。映画部の顧問は、高校生の作品は「自分の半径一メートル」にとどまるべきだと主張する。友情や恋愛や進路の悩みなど、身近な事柄に素材を求めろというわけだ。だが、そんな話は教室内の意識のゲームの反復にすぎない。そんな作品は前田にはつまらない。彼は映画に何を求めているのだろう。

作品の最後で、前田は夕日を浴びながら映画作りを語る。彼は、これまで見てきた映画とわずかでも共振するような作品を撮りたいのだという。まるで秘めてきた思いを女性に告白するような美しい場面である。おそらく彼は意識のゲームの断片ではなく、その全体を可視化するような作品を撮りたいのだろう。前田ならば、それができる。なぜなら彼はスクールカーストの底辺から、学校全体を外に見る地点に立っているからだ。

前田は大きな黒縁メガネをかけている。そしてときおり指先でメガネを神経質にずり上げる。主な登場人物でメガネをかけているのは彼だけだ。この作品は映画部長の人物像を通して「見る」ことが強調される仕掛けになっている。彼は手に父の遺品の八ミリカメラを抱えている。この映画の広告ポスターでは、左目をカメラにあてて、まるでルーペのようにレンズに世界を映し出す主人公の姿が描かれる。前田は見る人だ。その目に映じた世界を作品化する試みが、彼のゾンビ映画だった。

不可視の権力の虚像と実像

前田はホラー映画を偏愛している。それは他の部員にも共通する傾向である。しかし、彼らが企画した作品は流血シーンのために撮影を禁止されてしまう。気落ちする部長を励ましたのは、部活の親友だった。「撮ろうよ、俺、すっごく盛り上がってるんだよ、みんなも。こんなに楽しいこと初めてだよ」。このホラー作品は映画部全体にとって特別なものになっていた。

撮影の日、映画部員たちは校舎の屋上に集まる。そこは学校の秩序が力を失う外部との境界面、まさに彼らの場所だ。この撮影現場で部員たちはゾンビになりきる。彼らが、こんなに生き生きするのは初めてだ。ゾンビは異形の怪物である。映画部の生徒たちも、学校では異物扱いされてきた。その意味では彼らは学校社会のゾンビである。おそらく生徒たちはゾンビに自分の姿を重ね合わせていたのだろう。自主制作のホラー映画とは、実は彼ら自身の物語だったのだ。

ところが撮影が始まろうとしたとき、屋上に多数の生徒が乱入する。ある者が桐島の姿を屋上に見たといい、それを聞きつけた多くの生徒が駆けつけたのだ。放課後の屋上に、すべてのキャストが集結する豪華なラストシーン。さらに音楽室からは吹奏楽部の合奏が流れてくる。こうして物語はフィナーレへと導かれていく。

周到に準備した撮影を妨げられて、前田は機転を利かせる。彼は直ちにドキュメントタッチを宣言する。すると意図を察した映画部員たちは本物のゾンビさながらに、次々と一般生徒を襲い始める。学校で抑圧されてきた彼らには、他の生徒を襲う十分な理由があった。ゾンビに襲われた人間はゾンビになる。ここには平等を実現する社会革命が暗示されているのかもしれない。こうして期待以上の迫真の場面が撮影された。

しかし、ゾンビが他者をゾンビに引きずり下ろすだけならば、ただの悪平等である。それは怨念による権力構造の転換にすぎない。そのような復讐の念だけが彼らの制作の動機だったわけではない。このとき映画部長は一人でカメラを回している。そしてスクリーンには彼の世界、つまり八ミリのフレームに切り取られた人間とゾンビの抗争が映し出される。そこには社会の権力構造の全体が可視化されている。前田は作品にあるメッセージを込めた。それは「戦おう、ここが俺たちの世界だ。俺たちは、この世界で生きていかなければならないのだから」というセリフだ。彼が生きる世界にはさまざまな力が渦巻いている。昨日の強者が今日の弱者となる。社会的現実はホラー映画のようだ。それを映し出すカメラのレンズには、この現実を生き抜く意志が込められていたのではないだろうか。

乱闘が果てた屋上には映画部員だけが取り残される。そこに宏樹という同級生がもどってくる。乱闘で壊れたカメラの部品を拾ってくれたのだ。宏樹は桐島の親友である。スポーツ万能で成績もよく、もちろん彼女はアイドル級。野球部の練習は休んでいるが、それでも試合ではレギュラーである。作品で彼は桐島を代理する存在と言えるだろう。その意味で前田と宏樹はスクールカーストの対極に位置している。ところが、ともに秩序外の存在として、二人は逆説的に気持ちが通じ合う。この最後の場面でも、やわらかな夕日を浴びて二人は気持ちよく打ち解けている。

前田は宏樹に古いカメラへの愛着を語る。そして宏樹が不器用に構えるカメラに向かって、照れながら将来の夢を語る。それからカメラを受けとり、今度は相手をレンズに捉える。彼は思わず「やっぱりカッコイイね」とつぶやくが、ファインダーの中で宏樹の表情は力なく崩れていく。すべてを所有する宏樹は何ひとつ本気になれない。部活もさぼり、可愛い彼女も好きになれない。かっこよくて無気力な同級生。それが宏樹だった。たいした理由もなく学校に来なくなった桐島も、そんな生徒だったのかもしれない。だれもが見上げる権力の実像は人々のイメージとは異なるのだろう。それがカメラが捉えた権力の姿だった。

薄暗い屋上から、宏樹は一人で階段を下りていく。そしてふと携帯を取り出して桐島に電話をかける。夜の校舎にひびく呼び出し音。どこかで別の携帯が着信を告げているのだろうか。まるで桐島の呼吸が聞こえてくるような場面である。だが呼び出しだけが鳴り続け、作品はそのまま溶暗する。やはり桐島は姿を見せない。屋上でカメラが捉えたかに見えた権力構造は不可視の闇へと消えていく。そして観客は席を立ち、見えない力が支配する社会的現実へともどっていくのだろう。

コピーからオリジナルへの逃走劇　『俺俺』（二〇一三年）

オレオレ詐欺と俺の増殖

都会を歩くとき自分は何者だろうかと考える。ユニクロを着て、イコカでバスや電車を乗り降りし、クレジットで決済する。外から見れば経済社会の一単位だが、たぶん頭の中も大した違いはないのだろう。そうすると同じような格好をした人間が、同じようなことを考えながら、同じように行動しているということになる。街の人々は、どんどん似ていく。そんな都市の意識構造をコミカルに活写した傑作である。

主人公は永野均《ひとし》、二十七歳。かつてはカメラマンを目指していたが、今は家電量販店でデジカメを担当している。均はマクドナルドの常連客。あるとき帰り際にトレイを片付けるとき、あやまって、となりに坐っていた若いサラリーマンの携帯を乗せてきてしまう。そのまま返しそびれて外に出ると、サラリーマンの母親から電話がかかる。そこで彼は出来心でオレオレ詐欺を働いてしまう。詐欺は首尾よく成功し、均は大金を手に入れるが、そのときから彼の日常は奇妙に変わり始める。

まずアパートにもどると、そこにはなぜか詐欺の被害者であるサラリーマンの母親がいて、均を自分の息子だと主張する。また実家に帰ると、実母が自分を息子とは認めてくれない。しかも、そこには均そっくりの大樹という若者がいて、自分になりすましている。大樹は市役所に務める公務員。均と大樹は駅のコーヒーショップで待ち合わせ、たがいが「同じ俺」だということを確認する。このとき二人のスマホには、どちらにもさりげなく同じモルモットのストラップがゆれている。さらに二人は大学生のナオという俺と出会い、三人はナオの下宿で楽しい「俺山」を築いていく。ところが街では、さらに俺が増殖していた。

この映画では、どこを見渡しても俺だらけだ。みんな同じ顔をして同じことを考えている。主役級の均と大樹とナオは一人の役者が演じており、それどころか、この役者は全編で三十三役もこなしている。この設定には作り手の遊び心が見えて楽しい。これは現代社会への批判としても利いている。主人公が家電量販店に出勤すると、何台ものテレビモニターに彼の顔が映し出される。そこは大量生産と消費の現場。店員の個性などは意味をなさない。事実、ナオと均が入れ替わっても、店ではだれも気づかない。かりに総理大臣が代わってもメディアが気づかないとしたら、どうだろう。そのとき社会を構成するのは人間だろうか。そもそも街路の俺とは何者なのか。

この作品は「日常逸脱系サスペンス」と銘打って宣伝された。スクリーンには非日常的な出来事が展開する。その非日常性は日常の内実に他ならない。そこに観客は怖ろしさを覚えるだろう。その意味では、これは日常に取材したホラー映画と呼べるかもしれない。それは物語の後半に多くの血が流れるからではない。都市の平穏な日常。その裏面の怖ろしさ（horror）が作品の主題なのだ。

作品は日常のひとこまから始まる。最初の場面は車窓からの眺めだ。どうやら電車は川沿いの線路を走っているらしい。窓の向こうには団地の風景が流れていく。すばらしい青空なのに人影はない。ただ同じ形の高層アパートがいくつも並んでいる。次第にカメラは団地に近づき、その一室に入っていく。そして、ありふれた台所を映し出す。すると、となりの部屋から声が聞こえてくる。「お金で解決するのなら、それでもいいのかなって」「もう他人なんだし」。主人公の均と母親のマサエ。ふたりは父（夫）のことを話しているようだ。続けて母親は自分を名前で呼ぶように要求する（「四十歳のときに、君のおふくろからマサエになったのよ」）。

この断片的な会話は作品の展開とは関連しない。その後、父親は二度と話題に上らないし、母親を名前で呼ぶことも小さな逸話にすぎない。ただ、ここでは家族関係に金銭が介入し、それと並行して親子関係の希薄化が示唆されている。それは親密な関係が解体していく都市の日常のひとこまなのだろう。この場面で均は母親と話しながら、洗面所へと移動する。そこで三面鏡に三人の均が写し出される。これらの鏡像には何の差異もない。どの均も等しく本物であり偽物である。個人が無限に拡散していく。関係の解体は個人の喪失をもたらすのだ。

俺の増殖。この異常な現象はオレオレ詐欺から始まった。親子は世界で最も親密な関係である。そこには本来、経済が介入する余地はない。息子が俺といえば、それは息子に決まっている。実際に詐欺の被害者となったお年寄りたちは、他人が息子を騙《かた》るなどとは想像もしなかっただろう。それはコンビニが初めておにぎりを商品化したときの驚きと似ている。家庭の親密さと経済の進展。この両者の矛盾に新種の詐欺はつけこんだのだ。作品では主人公は他人の母親をだまし、大金を手に入れる。それとともに彼は実母との関係を喪失する。そして街には、同じ顔をした自分があふれていく。この不可解な展開には経済と心理の必然性がある。

貨幣の無内容と他人への無関心

現代社会は経済で規定される。企業にとどまらず家庭や友人関係でも損得が意識され、それ以外の発想は余地を失くしていく。こうして日常は貨幣で媒介されることになる。このような社会の行く末はどうなるのか。その未来像は軽妙に描こうとしてもホラーにならざるをえない。こうした現代の側面を作品は活写する。

まず作品で目につくのは奇妙な数字の羅列である。主人公の永井均は一二三銀行を利用している。そのＡＴＭでは差額はいつも22,222円になる。また主人公は不倫相手の夫に追われているが、そのクルマのナンバーは4444だ。このような数字には特別な意味が込められているようで、実際には役者たちが見せるアドリブやダジャレほどの意味もない。そもそも数字は均質な単位の連続にすぎない。その内実は空虚である。これらの特殊な数字の配列は経済社会の空虚を暗示しているのだろう。

この経済の空虚は貨幣の性質に由来している。貨幣は世界中を流通する。それは何の混乱もなく整然と流れていく。その方法は形式の同一性にある。お金は何とでも交換できる。あらゆる交換を媒介するため、お金は無内容であらねばならない。それゆえに私たちは個々の紙幣や硬貨に思い入れを持つことはない。お金はまったくの無表情である。金は天下の回り物。こうして経済が侵食するところ、無表情が広がっていく。

主人公はオレオレ詐欺で大金を手に入れる。その札束を彼が扇子のように広げると、そこには何人もの福沢諭吉が並んでいる。もしも街を歩く人たちが一万円札の肖像のように同じ顔をしていたら、どうだろう。これほど不気味な光景があるだろうか。だが、それがきらびやかな繁華街の内景かもしれない。作品では主役級の三人に続いて、無数の俺が増殖していく。それを応援するように、街角にはいたるところに「日本増産党」のポスターが貼りだされる。そもそも作品の主題である俺とは何者なのか。それは貨幣と同形式の人間のことだろう。俺は無内容ゆえに無限に増殖するのである。

他人の母親をだまして詐欺を働く。それは家庭の親密さを貨幣に売り渡すということだ。俺が貨幣の形式で規定されるかぎり、その集まりに親密な関係はありえない。しかし、主人公たちの共同体はそれなりに楽しそうに見える。均と大樹とナオ。三人はナオの下宿で共同生活を始める。そこは俺たちが集う俺山である。彼らは外見だけではなく、趣味や好みまで変わらない。記念すべき俺山の初日のこと、三人は冷やし中華に粉チーズとキムチをかけた奇天烈な料理で乾杯する。この均の手料理に大樹とナオは狂喜する。気持ちよく喉を鳴らしてビールを飲み、そろって天井を見上げる表情までそっくりだ。気心の知れた仲間であれば、気持ちを忖度する必要もない。「俺の純度、高いっすね」「人といて、こんなに気楽な気分、初めてだよ」。彼らはこう言って、何の屈託もなく打ち解け合う。このとき電灯の紐にはモルモットの人形がぶらさがり、テレビ台にも大小四組のモルモットが飾られている。彼らは経済という人工世界の人形なのだ。

俺山の気安さ。その理由は嗜好の一致だけではない。貨幣が自己同一的であるように、彼らは自分の外に関心を持たない。おそらく貨幣に関心をよせるものは、その程度に応じて他人に無関心になる。あるとき公園でラグビーの練習をする男たちを見て、三人は意見を交わす。そして自分たちを評して「出た、無関心。無関心が一番危険な思想ですよ」「そう、このままじゃ無関心のせいで、日本は消滅しますよ」と結論する。

日常的な意味で無関心とは他人に干渉しないことだろう。それは仲間内でも当てはまる。俺たちは一緒にいても相手の立場には踏み込まない。自己完結の気楽さ。それが俺山の思想である。これは現代の若者気質への批判にとどまらない。経済社会では人間は貨幣の性質をおびていく。そして大小のコミュニティは俺山となっていく。それが現代の人間関係の一形式なのだろう。

他人のことで悩んだりしない、幸せな俺の増殖。ところが街では深刻な事態が発生していた。それは俺の削除である。ここから作品はコミカルなタッチを転じて、ホラーの緊迫度を高めていく。

三人の主人公の役回り

だれもが、だれかのコピーという社会。この特異な状況を説明するために、制作者は狂言回しを用意する。主役級の三人は同じ俺でありながら、それぞれに役割が異なる。作品の後半では社会全体が俺化していく。この状況に彼らは異なる態度を示す。その三様の態度からスクリーン上の俺社会が追体験されていく。

俺の純度が最も高いのはナオである。茶髪にTシャツ。大学生といっても何を専攻しているのかわからない。そんなことは当人も気にしていないのだろう。ナオはまともな話し方ができない。年上の二人に向かって、若者言葉で「ってゆーか」「っすよ」という結び方をする。そのしまりない喋り方は社会の流動性と連動しているのかもしれない。だれもが経済単位として行動する社会では、たがいに考えていることが見通せる。そこでは、そもそも考える必要がない。それがナオには心地よい。下宿の俺山を拠点として、彼は無邪気に俺帝国を打ち立てると宣言する。

大樹は公務員。涼しげにネクタイをしめた社会人だ。武術の心得もあるらしく、格闘の現場でも平然としている。そんなとき彼は役人らしく冷静に状況を分析する。その格言めいた言い回しは都会の賢者のようだ。ナオと大樹はどちらも俺である。ただし大樹は俺であることを自覚し、俺社会を外から見ている。その視点から俺社会のからくりが観客席に説明されるのである。だが作品の後半で、大樹は他の俺々を抹殺し自分だけが生き残ろうとする。彼の世界に他者はいない。ただ貨幣のように自己同一的な自分がいるだけだ。その自己保存の発想も俺の特徴のひとつだろう。その意味でナオと大樹はどちらも純然たる俺である。

主人公の均は少し違う。彼はオレオレ詐欺を働くことで俺になる。そして俺の世界に投げ込まれて強くとまどう。そのとまどいは作品世界を体験する観客にも共有されるだろう。毎日、貨幣を扱いながら、自分が貨幣のように扱われることにはたえられない。モノを扱いながらモノにはなれない。こうした矛盾した感覚を形にしたのが主人公の均である。彼は俺とは異なる関係の形式を探している。それは貨幣とモノの世界における実存の探求とも呼べるだろう。その意味で均の心象風景は現代人の経験を映している。ただし、彼は自覚的に実存を求めるわけではない。それは社会への微妙な違和感として表現されていく。

自分の名前をネットで検索したことがあるだろうか。主人公は駅のコーヒーショップやマクドナルドで暇つぶしに自分の名前を検索する。するとフランス文学者から殺人犯まで、何人もの永野均がヒットする。こうした場面には何の注釈も与えられない。ただスマホの検索結果がスクリーンに映し出されるだけだ。本来、名前は固有性を意味する言葉である。だが液晶に明滅する画像は二進法のデータにすぎない。そこに存在の独自性は認められない。データで処理される人間存在。それは工場からタグを付けて出荷される商品と大差ない。

主要な撮影現場のひとつに駅がある。そこにデジャブ（Dejavu 既視感）という名の店がある。この店のまえを均が通ると、店名のネオンが執拗に明滅する。日本の都市の風景は、どこも似ている。ローソン、ファミマ、セブンイレブン。看板は違っても品揃えは大差ない。道路もビルも規格通りだ。知らない街を歩くとき、私たちは既視感に襲われる。それは実は既視感とも言えない。現代とは事実、悪夢のように無数の規格品が流通する世界なのだ。

作品の後半で、俺山の気楽さは暗転する。あるとき大樹と均が下宿にもどると、そこには見なれぬ若者たちが集っていた。それはナオが呼んだ新しい俺々だった。その連中は見るからに異様である。地味系の俺、タトゥーの俺、巨乳の俺。そんなのが下宿にすわりこんで、同じ顔でにたにたしている。俺帝国のためにナオが仲間を増やそうとしたのだ。ところがスーツを着た大樹は迷わず彼らを追い払う。そして「劣化コピーは排除しないと」とつぶやく。それはまるで店の棚から不良品を取り除くような口ぶりだった。

この日を境に日本中で不可解な殺人事件が続発する。年間の行方不明者は八万人。俺の増殖が減少へと転じたのだ。ただし、それは「削除」と呼ばれる。テレビや新聞は増大する「削除」の話題で持ち切りになる。過労削除、怨恨削除、通り魔削除、集団削除、月極削除、省エネ削除、三丁目の削除、面白半分削除。ここでも制作者は遊び心を忘れない。殺人事件はもとより、リストラや降格などの人事異動も「削除」と呼ばれる。それは現代の人事が交換可能なコピーの操作にすぎないことを暗示している。

データのごみは跡形もなく消えていく。社会システムはいっそう快適に機能する。そこに廃棄されるデータの重みはない。だが人間はデータではない。株価が上下するたびに整理される会社員たちは何を感じているのだろう。悼まれることなく地上を去るものには、人知れぬ痛みがあるに違いない。この作品は「削除」という言葉で現代社会の側面を捉えた。もはや現代社会に人間はいない。ただデータの追加や削除があるだけだ。この事実に戦慄する。そこにだけ、わずかに人間の痕跡があるのかも知れない。

ゲームの世界の外へ

作品の後半はコメディからホラーへと暗転する。スクリーンは削除される俺たちの恐怖であふれる。一時も落ち着けず、追う者も追われる者も街を走り続けていく。ところが、この殺戮劇はどこかふざけている。追跡者たちの表情はどこかしら不自然だ。主人公の均を追いかける巡査も頬を引きつらせて不気味に笑っている。これは実はゲームなのだ。

この作品は団地の遠景から始まった。その場面にはゲーム音が流れていた。どうして集合住宅の平穏な日常に電子音が添えられるのか。この後も、作品では全編を通してゲーム音が流れている。

それは都市が俺の虚構に過ぎないからだ。都市の住民にとって社会制度と貨幣は唯一の現実でありながら、その全体が作り物である。この虚構の世界には人工の音声がふさわしい。作品の後半で俺の削除が始まると、ゲーム音はいっそう軽快に高まっていく。

このゲームの世界に終わりはないのだろうか。作品は均の顔をした俺であふれ、それと並行して、あちこちにモルモットのロゴやぬいぐるみが増えていく。家電量販店の同僚は税理士を目指して退職後、俺として削除され、俺山のナオも不自然な死を遂げる。追いつめられた均は不倫相手の人妻のもとへ逃げ込む。彼には自分が何者かさえわからない。彼女は取り乱す若者に「まちがいなく、あなたは、ここにいるのよ」と語りかけ、その手にふれる。二人だけの深夜の逢引き。ゆっくりと手と手が重なるとき、観客はそれを自分の手のように感じるだろう。「あなたは、私が見えてるの。私がここにいると認めなさい」。そう告げて、彼女は唇を重ねる。

貨幣が流通する世界。そこは他人を貨幣で扱う場所だ。そのとき私たちは俺になる。主人公は自分の存在を失った。それは他人の存在を奪ったからだ。作品では、住宅地にそびえる巨大な給水塔が何度も映し出される。それは虚無的な風景として探し出されたものだという。たしかに都市の遠景は虚無的に見える。それは、そこに大切な人がいないからだ。大都会のどこかに愛する人がいるならば、そこは息づく街となるだろう。給水塔の無意味な眺めは、俺化した均のこころの風景だった。それでは、どうすれば存在の唯一性を取りもどせるのか。それは他者との出会いによるしかない。かけがえのない出会いが私たちをかけがえのない存在とするのだ。

不倫相手の人妻は大切なことを教えてくれた。それは「とにかく最初にもどりなさい」ということだ。この言葉は俺の始まりを示唆している。作品は主人公のオレオレ詐欺から始まった。それは親子という関係の原点を貨幣に売り渡す行為である。ここから社会の俺化が始まった。ここが錯綜した事態の結び目だと均は気づく。

主人公は俺との別れを決意する。ここで海の映像が挿入される。それは作中で都会の外を示す唯一の場面である。荒涼とした波止場。人気はなくカモメの鳴き声だけが聞こえてくる。そこを大樹と均が歩いている。二人は立ち止まり最後の握手を交わす。大樹は二人はどちらも俺だと主張する。だが均は「俺とおまえは別の人間だ」と宣言する。彼は存在の唯一性を取りもどし始めていたのだろう。彼らは海を背景に左右に別れていく。このとき教会音楽が静かに流れる。それは廃墟からの再生を予告しているのだろう。音楽につつまれて均は電車に乗り、給水塔を横目に下宿への道をたどる。そして下宿で札束を封筒に入れると、また街へともどっていく。教会音楽に彩られると、なぜか都会の風景は違って見える。だが祝福は最後の場面を待たねばならない。それはささやかな日常の成就である。

夜の街で主人公は俺たちの襲撃を受ける。その果てに、彼は大樹の家にたどり着く。そこには彼が息子を騙《かた》りだました女性が住んでいる。長いこと彼女は均を自分の息子と取り違えていた。ところが、この場面では玄関口で「どちら様ですか」とよそよそしい。すでに事態は回復しつつあったのだ。ていねいに両手で札束を返すと、彼は実母の住まいへと向かう。

カメラが団地の外観を映しだす。観客は最初の場面を思い出すだろう。今度も同じ部屋から母子の声が聞こえてくる。息子は自分が生まれたときのことをたずねている。母親は台所を片付けなががら出産を振り返る。それはどこにでもある、ありふれた思い出だろう。しかしまた、ふたつとない親子関係の原点である。主人公は関係を失うことで俺となり、存在の唯一性を奪われた。ありふれた母親との関係を取りもどすことで、彼は自分を取りもどしたのだ。台所は生活の場所である。そこで母子は平凡に見つめあう。この場面で息子は母親をマサエさんと呼ぶ。母親は自分を認めてくれたと喜んでいる。これも都会の親子関係のひとつなのだろう。この都会の関係にも自他の存在を取りもどす道があるのではないのか。そんなことを考えさせる作品である。

大人になるか自死するか　『台風クラブ』（一九八五年）

仕方ない日々のため息

「台風、来ないかな」。放課後の教室。窓から空を見上げて少女がつぶやく。「ねえ、三上君もそう思うでしょ」。少年は返事もしない。気のない様子で席について勉強している。ここは長野県の中学校。夏休み明けの九月。もう高校受験まで半年もない。ところが教室の空気はゆるんでいる。どこか気持ちが入らない様子だ。数学の授業では下敷きでクラスメートをあおいだり、鼻に鉛筆を突っ込んだり、私語も絶えない。どうして少女は台風を待ち望んでいるのだろう。それは彼女の中で風が吹いているからだ。胸の中の小さな風は本物の台風を待っている。強い風雨が学校や社会を吹き飛ばしてくれたら、どんなに気持ちいいだろう。それは彼女一人だけではない。受験とその先にある社会。生徒たちは現実を直視できない。だから教室の空気は軽薄なようで重苦しい。そこから生徒たちは目を逸らし、いつまでも私語に興じている。

作品に登場するのは大田中学の三年五組。木曜の夜から月曜の朝まで中学生たちの五日間が描かれる。学校側は数学教師の梅宮だけで、あとは用務員が顔を出すくらい。教室とプールと体育館、それに校長室と職員室が撮影現場となるが、梅宮の他に教員は登場しない。この数学教師が生徒たちの目に映る社会を体現しているのだろう。自宅での場面もあるが親たちは出てこない。ここでは中学生の言葉と表情に大人社会が映されるのだ。

主役は三上恭一。同級生たちとは対照的に、彼は落ち着いている。野球部は引退しても夜のランニングは欠かさない。教室では窓際の席にすわり、静かに勉強している。兄は東大生らしく、彼も東京の私大に進むつもりだ。同じクラスの理恵と付き合っているが、彼女の家の呼び鈴を押すときも参考書から手を離さない。学校は規則の場所だ。その外に逸脱しようとする同級生を横目に、彼は規則の内側に留まろうとする。そんな彼を同級生は三上君と呼ぶ。恋人の理恵も君付けだし、彼を慕う美智子も恭一と言いかけて三上君と言い直す。その他の生徒たちは下の名前で呼び合っている。姓は表社会で通じる呼称である。それは自分を律する三上にふさわしい呼び方だろう。

だが彼も規則の内側で安んじているわけではない。なぜ三上は窓際の席にすわるのか。それは教室の内にとどまりつつも、その外に憧れているからだろう。彼の口癖は「仕方ない」。不愉快な授業を抜け出そうとする級友に彼は同意しない。教師は人格者から程遠い。しかし、それは「先生の私生活の問題だから仕方ない」。また家で父親に呼ばれても、精神論を押し付けられるだけだから「行っても仕方ない」とやりすごす。仕方ないという言葉で彼は現実と折り合いをつけている。

主人公と級友たちは背中合わせだ。彼らは同じ世界に住んでいる。ただ三上は柵の内側に留まっている。自宅の机で勉強する場面では、カメラは彼を室内の格子越しに映し出す。彼はこの格子の外に出ようとはしない。おとなしく席につき、ただ窓の向こうを眺めて仕方ないとつぶやいている。そんな彼のため息が聞こえるようだ。そのため息は本当は三年五組の教室のあちこちから聞こえてくるのではないだろうか。彼らは日常の境界線を縫うように逸脱する。タバコを回し飲みする野球部員、朝から布団にもぐりこみ自慰する少女、異性愛に耽る演劇部員。それは拳を振り下ろす場所が見つからない苛立ちにも見える。野球部の健は台風の夜に学校で美智子を襲う。このとき彼は「俺、どうすればいいんだよ」とつぶやいて犯行におよぶ。続けて彼は職員室を壊し始める。社会制度と欲求の板挾み。これが一九八〇年代の思春期の現実だった。

高校から大学、そして就職へ。この先、どんな現実が待ち受けるのか。三上の視線の先には数学教師の梅宮がいる。その授業は数学の緻密さには程遠い。三平方の定理も理解できない生徒たちを彼は「百姓の子供たち」とばかにする。それは教師自身の自虐的な生活の裏返しである。彼の生活は長く乱れている。梅宮の女には、さらに情夫がいるらしく、借金も絡んでもめている。この女の母親まで学校に怒鳴り込み、数学の授業は大騒ぎになる。台風の夜、三上は学校から数学教師に電話する。彼は「真剣に話したかった」と話を切り出し、「僕は絶対にあなたにはならない」と宣言する。それは社会に対する若者の反逆だろう。その言葉の激しさは逆らえない岩礁に砕ける波のようだ。だが若者は大人になっていく。教師は電話先の生徒に宣告する。「若造、おまえは十五年もたてば今の俺なんだよ。あと十五年の命なんだよ」。

なぜ梅宮に三上の将来が見えるのか。それは少年の姿に十五年前の自分を見たからだろう。このとき彼は宴会中で泥酔している。ところが切れた電話の受話器に「ばかやろう」と怒鳴ると、彼は冷めた表情になる。そして窓を開けて暴風雨の中に立ちつくす。見る間にぬれていく後姿。その胸には、かつての思いが去来していたはずだ。

理想は現実に侵食され、少年は大人になっていく。そのうち仕方ないというつぶやきも忘れ、若い理想を見下すようになるのだろう。だが、三上は梅宮のような大人にはなりたくない。あくまでも社会を拒否するならば道は途絶える。そこには破滅しか残されていないのではないだろうか。

思春期の行く末――逸脱か死か

思春期は風が吹いている。中学校が規則だらけなのは、予測のつかない暴風雨を怖れるからだろう。作品は夜のプールから始まる。鈍い光にゆれる不気味な水。それは生徒たちのこころの形のようだ。そこに五人の女子生徒が走り込んでくる。プールサイドの明かりが点くと、そこは野外コンサートの舞台である。学校の規則が力を失くす夜の解放区。彼女たちは流行歌に合わせて踊り始める。さらにプール正面の机に上がり、スポットライトを浴びるダンサーのように踊り続ける。この場面を導くのは演劇部の三人である。この作品は心理描写が多く変化に乏しい。少なからぬ観客には退屈だろう。そこで素描に色彩を与えるように、彼女たちが歌や踊りで作品に彩りを添えている。

このときプールにはもう一人、侵入者がいた。同級生の山田明だ。彼はクラスのいじめられっ子。水面に隠れていた明に気づくと、女生徒たちは踊りの勢いそのままにパンツを脱がせ、はしゃいで水に沈める。おかげで明は溺れそうになり、そこに野球部の三上と健、さらに数学教師の梅宮が駆けつける。作品の冒頭で、役者が舞台に揃うという趣向である。その後、明は息を吹き返す。彼は死線を越えて、大人へと成長していくことが作品の最後に示唆される。その軌道と交差するように、主人公の三上には別の結末が待ち受ける。思春期が死と背中合わせであることを暗示する冒頭の場面である。

三年五組の教室には倦怠感が漂う。そこで台風を待ち望んでいるのが理恵である。土曜の朝のこと。学校に遅刻しそうになった理恵は、そのまま公園に出かける。広場には強い風が吹いている。だれもいない緑地に坐り込み、彼女は台風の襲来を予感して大きく微笑む。作品で最も開放感のある場面のひとつだ。そのまま風に流されるように彼女は東京へと家出してしまう。

理恵は水鳥になりたいという。それは水と風に漂うように生きる彼女にふさわしい願望だろう。彼女は原宿駅で若い男に声をかけられ、そのまま下宿についていく。なぜ少女は家出したのか。それは、このまま「土地の女になってしまうのは、たえられない」からだ。だからといって彼女は東京に憧れているわけではない。「今夜はここに泊まり、東京で遊んで帰れ」という男の誘いを断り、彼女は暴風雨の中へ飛び出していく。不意の家出。それは現実からの一夜の逃避行だった。台風一過、晴れた月曜の朝。理恵は元気に学校へもどってくる。思春期の風が彼女の中を吹き抜けたのだ。この逸話は思春期の危機を回避する方法のひとつを示している。ただし、それは問題の根本的な解決を意味しない。教室の窓際には主人公の三上が黙して坐り込んでいる。彼は数学教師を横目で睨み、あんな大人にはならないと、こころに決めている。日常を逸脱することもできず、一時の逃走でごまかすこともできない。彼は何処へ行けばいいのだろうか。

教室の黒板には「目標のある人間はくじけない」という標語が掲げられている。それでは彼らの目標とは何なのか。学校教師のような大人になることか。大人になるとは無意味な日常を反復することではないのか。学校から社会へ。それは彼らにとって無意味への階段を昇っていくことでしかない。

大人になるにつれて、若者の体に渦巻く力は社会の規律に整えられていく。制御できない力が秩序づけられていくのだ。あるとき数学の授業中に生徒の言い争いが昂じて教室は乱闘騒ぎになる。暴力が暴力を呼び、もはや教室は手に負えない。このとき事態を収拾したのは倫理でも正義でもない。ただ「おまえら叩き殺すぞ」という教師の脅迫だった。この一声で教室は静けさを取りもどす。それは大きな暴力が小さな暴力を従えるという社会の構造が暴露された瞬間だった。

このときも三上はひとりだけ、窓際の席で出来事の推移を眺めている。彼はいつも冷めている。社会秩序とは何なのか。彼の目には自分が生きていく社会のからくりが見えてしまっているのだろう。

英雄的な決断主義

土曜日。この日は朝から風が吹いていた。生徒たちは、いつものように学校で授業を受けている。ところが教室の中は落ち着かない。ノートに目を落としても、窓の向こうから強い風が聞こえてくる。それは不安を掻き立てるようであり、また危険などこかへ誘惑するようだ。胸の底にひそむ何かが目を覚ます。数学の教師は「おまえら何か変だよな」と言う。その授業中に暴力沙汰が起きたのは風のせいだったのかも知れない。

この作品の主題のひとつは思春期の暴力だろう。一九八〇年代の中学校。そこは規則と抑圧の場所だった。学校側の管理と生徒の暴力が各地で衝突したのは偶然ではない。抑圧と暴力はいがみあう兄弟である。その争いには果てがない。学校を卒業しても、個人の鬱屈した暴力が消えるわけではない。それは社会装置によって発散されるだけだ。日々の娯楽やスポーツの祭典。多様な仕掛けが抑圧された力を一時的に昇華していく。こうした要素は中学校にも必要なのだろう。

午後になり風雨が強まると学校は休校になる。部活動は早々に打ち切られ、生徒たちは帰宅していく。それを確認して校舎も施錠され無人となる。ところが校内には六人の生徒たちがひそんでいた。三上と健と美智子、そして演劇部の三人。彼らは教室に集まると、演劇部の泰子にならい、机の配置を作り替えていく。いつもの教室が即興の舞台へと早変わり。ラジカセから流れる音楽に合わせて手拍子を打ち、まず泰子が踊り始める。他の生徒たちもリズムに乗って動き始める。無人の教室で健に襲われた美智子まで一緒に体を揺らしている。踊りながら歓声を上げる女生徒たち。このとき押し黙っていた三上が立ち上がり、組み上げていた机のひとつを床にたたきつける。とたんに静まり返る生徒たち。ところが泰子の手拍子とともに、また生徒たちは体を揺らし始める。まるで窓の向こうの暴風雨と競い合うような教室の狂騒である。それは日常から目を逸らす忘却の共同体である。

主人公は何に抵抗しているのか。彼は踊り狂う仲間たちに、「家出した理恵と一緒になってしまう」と訴えた。なぜなら夜の余興は現実からの逃走に他ならないからだ。ほてった体が冷めてしまえば、何も変わらない日常に帰るしかない。この日常の虚飾に彼はたえられないのだろう。三上は泰子を嫌っている。彼は理恵に泰子と仲良くするなと言う。数学教師の梅宮のことさえ仕方ないと受け入れるのに、どうして彼は泰子を拒絶するのか。それは彼女が虚構の世界の積極的な建設者だからだ。梅宮は社会に寄生する大人のひとりにすぎない。それは仕方のない存在である。別の社会を夢見る三上にとって、泰子は明確な敵対者である。彼は窓の向こうに教室とは異なる社会を希求している。それは泰子が司る社会のエンターテイメント化とは相容れない。ここには彼の意志が表現されている。

主人公が机を床にたたきつけたのは、他にも理由がある。彼は敏感に歌のメッセージに気がついたのだ。「臆病者はどんなもんだろ、おまえみたいなヤツをいうんだろ。ただ、思いめぐらすだけ、いつまでも」(Barbee Boys「翔んでみせろ」)。学校では優等生。社会を批判的に眺めながら、おとなしく机についているだけ。受験勉強にいそしんで、結局は出世コースにのり、夜の居酒屋で愚痴をこぼすようになるのだろう。それが十五年後の三上であり、現在の数学教師である。そんな若者をロックの叫びが挑発する。「ひとおもいに、翔んでみせろ、明日の朝まで。You'll be free.」すべての絆を断ち切って、社会的現実から超越する。そこには見たことのない自由な世界があるのかもしれない。若者の胸に訴える英雄的な決断主義だ。そんな歌のメッセージにも気づかずに、仲間たちはリズムに踊らされている。

嵐の夜の教室。冷めた目で、主人公はひとりだけ机についていた。ラジカセから流れる声は、他ならぬ自分に向かって叫んでいるように聞こえたはずだ。このとき彼は初めて暴力的な姿を見せた。机を床にたたきつけたとき、彼はこれまでの自分の生き方を投げ捨てたのだろう。真実に生きるために、この虚構の世界から飛び降りる。彼は、そう決意した。この場面は夜明けの劇的な結末を予告している。

死への跳躍

作品を通して、主人公と他の生徒たちには互いを隔てる一線がある。生徒たちは社会的現実から逃走する。家出、暴動、歌と踊りの祝祭。三上の目には、それらは社会的装置の一部にすぎない。ひとときの感動が冷めれば、また人々は社会的現実に回収されていく。その意味でエンターテイメントは人々を社会につなぐ巧妙な仕掛けである。

他方で主人公と生徒たちは方向性を共有している。それは学校と教師への嫌悪感だ。彼らは社会的現実とは異なる共同体を夢見ている。その意味で彼らは互いに遠いところにいるわけではない。土曜の夜、この夢の共同体が可視化される。日付が替わるころ、体育館のステージで生徒たちは裸踊りに興じていた。そのとき中学校は異様な静けさにつつまれた。生徒たちは外に飛び出す。空の下は風ひとつ吹いていない。台風の目に入ったのだ。奇妙な解放感。健が水たまりに寝転び「夢だ」と叫ぶ。女子生徒の一人が「夢か」とうなずく。そして、だれともなく夜の空の下で歌い始めた。「もしも明日が晴れならば、愛する人よ、あの場所で。もしも明日が晴れならば、愛する人よ、そばにいて。今日の日よ、さようなら、夢で逢いましょう」（わらべ「もしも明日が」）。

他愛もない流行歌。そこに深い意味を探すのは徒労だろうか。歌には遠い記憶のように忘れかけた希望が込められることがある。それは多くの人に共有されることで、願いの形となっていく。愛する人と、ここで、ともに生きていく。そんな世界を生きていきたい。それが若者たちの願いなのだ。だが土曜の夜の夢は跡形もなく消えていく。明日は晴れるに違いない。社会秩序は旧に復する。彼らの願いは夢の中の逢瀬に託されるしかないのだろう。

夜空の合唱が途絶えると、健が「おかえり、ただいま、いってらっしゃい」と叫び始める。何かに打たれたように仲間たちも「おかえり、ただいま、いってらっしゃい」と唱和する。夜の学校に響き合う仲間の声。それは、ひとときの夢でしかない。その頃、東京の街では、理恵も同じ歌(「もしも明日が」)をうたいながら雨に打たれて泣いていた。ともに生きる共同体を彼女も探していたのだ。それは家出先の大都会には見つからなかった。それは何処にもない希望の場所(utopia)なのだろう。

土曜の夜の最後の場面は教室である。生徒たちは疲れ果てて教室の床で眠っている。そこは、いつのまにか、いくつもの千羽鶴で飾られていた。それは生徒たちが夢見る共同体を象っているのだろう。ただ主人公だけが机の上にすわり、何かを考えている。そのうち彼は立ち上がり、黙って机を動かし始める。彼は何をしようとしているのか。机の配置を変えるということは、社会を組み替えるということではないだろうか。ゆっくりとした動作に場面の緊張感が高まる。この作品で最も象徴性の高い場面である。

まず少年は自分の構造物から千羽鶴を外していく。彼は、わかってしまった。この世界に希望はない。それでは彼は何を造るのか。完成したのは窓の向こうへと続く階段だ。それは広い世界への跳躍台にも見える。ところが少年は階段の手前にうずくまり、重苦しい表情をしている。このとき観客は気づくはずだ。これは刑場へと昇る階段なのだ。大人になるとは死への階段を上ることだった。夜が明ける。ゆっくりと階段を上り窓を開けると、小鳥たちの鳴き声が聞こえてくる。主人公は仲間に声をかける。教室の床から身を起こし、眠そうに窓を見上げる生徒たち。「どうしてみんながが、こうなってしまったか、俺はわかった。俺たちには厳粛に生きるための厳粛な死が与えられていない。だから俺が死んで見せてやる、みんなが生きるために」。窓の外へ落ちていく影と生徒たちの悲鳴。中学生たちの夜が終わった。

厳粛に生きるために厳粛に死ぬのだと、主人公は宣言した。最後まで彼の主題は真に生きることだった。それでは少年の自死は社会を変えるのだろうか。社会に厳粛な生がありうるのだろうか。おそらく彼の目に映る社会は、死しか択びようのない場所であり続けるのだろう。社会が無意味を反復する場所ならば、そこは飾り立てられた刑場であるしかない。生徒たちが校舎の外へ駆け下りると、そこには頭から泥沼に飛び込んで、無様に両足を突き出した三上の死体があった。すべてを無意味へと呑み込む泥沼は、どんな建築物の地盤にもなりえない。社会が無意味を反復するかぎり、少年の絶望もくり返されていくことだろう。

台風が過ぎた月曜の朝。理恵と明が登校する。ふたりは学校で起きた週末の事件を知らない。さわやかな朝にふさわしい、朗らかな笑顔だ。理恵は明に背が伸びたみたいだねと言う。少年は嬉しそうに笑って応える。青空の下の学校を見て、理恵は歓声をあげる。こうして、からりと場面を転換して作品は幕をおろす。スクリーンが溶暗すると、ラストクレジットを背景に運動会のアナウンスが聞こえてくる。今秋も運動会が催されるのだろう。台風の夜、思春期の危機を越えたふたりは健やかに大人になっていく。それは主人公が知ることがなかった別の生き方である。最後に制作者は別の生き方もあることを垣間見せようとしたのかもしれない。

失われた人間の顔を探して　『スワロウテイル』（一九九六年）

『スワロウテイル』は解放の物語である。物語の舞台は「円が世界で一番強かったころ」の東京。まずスクリーンは上空から眺めた大都市の遠景を映し出す。そこに「昔々あるところに」（Once upon a time）という英語のナレーションが流れる。円が世界で一番強かったのは、まだ作品公開の十年前のことだ。その時代の生々しい現実を、この作品は貨幣をめぐる寓話として描き出す。

そのころ、東京は円を求めるアジアの出稼ぎ労働者であふれていた。彼らは、この円都をエンタウン（Yen-Town）と呼んでいた。だが東京人たちは彼らを蔑視し、逆に円盗（エントォ）と呼んで差別した。物語は、この円都に生きる一人の少女に始まる。彼女は娼婦の娘で母親を亡くしたばかりだ。しかも彼女には名前がない。この母親と名前の喪失という設定は、経済難民である円盗たちに共通している。つまり彼らには故郷がない。英語と中国語と日本語を奇妙に混在させた彼らの言語が、それを如実に示している。無国籍で猥雑な力。そして金への執着が彼らの生活をなしている。

貨幣と娼婦は、どこか似ている。両者は快楽のために社会を流通する。そのため貨幣と娼婦には個性がない。あるとき女の顔を白布で覆って抱く男の話を聞いて、慄然としたことがある。快楽は相手から表情を奪う。金を払うとき、個々の貨幣との別れを惜しむ人はいない。貨幣や娼婦は快楽の手段であり、そこに個性はないからだ。そのため貨幣や娼婦と関わるものは自分も無表情になっていく。作中の経済難民たちは、金と性にまみれて生きていく。人間の顔を取り戻したい。それが、この作品の底を流れる主題だろう。

母親を失くした主人公の少女は娼婦グリコに引き取られる。この娼婦の名前も「日本のビジネスマンたちが食べて育ったキャラメル」の商品名に過ぎない。ただグリコには胸にアゲハ蝶(swallowtail)の刺青があった。そこで彼女は少女の胸にも可愛い青虫の絵を描き、アゲハという名前を与えた。少女アゲハは空を飛べない青虫だ。この青虫が空を見上げながら、物語の底で、ゆっくりと育っていくのである。

あるときグリコたちは往年の名曲「マイウェイ」のカセットテープを手に入れる。そのテープには千円札の磁気データが隠されていた。それによって彼女たちは大金を手に入れてロックバンドを立ち上げる。その名もエンタウン・バンド。彼らの十八番は「マイウェイ」である。人生の終わりを前にして、わが一生に悔いなしと去っていく男の歌。それは円盗たちすべての願いだろう。だが円盗と成金に、どれほどの違いがあるのだろうか。しばらくして、名声と成功に溺れてエンタウン・バンドは瓦解していく。

およそ差別される者たちは醜悪に描かれる。そこには差別者たちの視線が集約されている。農薬や放射能が人体に蓄積されていくように、被差別民は社会の矛盾を一身に背負わされる。だからこそ、そこには社会構造を一挙に変革する可能性が秘められている。磁気テープによる偽金作りの一件で、アゲハの恋人フェイフォンは検挙され、当局の苛酷な取調べを受ける。そのとき殴打され「円盗」と罵られた彼は、中国語で「円都はお前たちの故郷の名前だろう」とつぶやき返す。そのときスクリーンは音をなくす。彼の言葉は、差別民と被差別民は背中合わせの関係にあり、東京人こそ円都に住む円盗に他ならないことを暴露したのだ。その夜、フェイフォンは「マイウェイ」を歌いながら息を引き取る。

フェイフォンの遺体を引き取るために当局へ出向いたアゲハは、死者の出身地を問われて、静かに円都と答える。これまで彼女たちは円都の円盗という蔑称に逆らってきた。ところが、この場面で彼女は由来も尊厳もない円盗であることをみずから認めたのだ。目を背けてきた醜悪な現実を受け入れる。ここが回生への出発点だったのではないだろうか。最後の場面で、グリコとアゲハはフェイフォンの遺体を火葬する。荒野に燃え上がる炎。そこに少女アゲハは磁気テープで手に入れた鞄一杯の札束を運んでくる。彼女が鞄を開けると、作品の冒頭で流れた主題曲が響き始め、彼女が初めの一摑みを炎に投げると旋律は頂点に達する。グリコと仲間たちもアゲハに続き、迷いなく札束をつかみ火へと投じていく。それは金に狂い、金のために差別されてきた者たちが、金への囚われから解き放たれた瞬間だった。このとき陽炎《かげろう》のように空へ飛び立つアゲハ蝶の姿が見えないだろうか。この場面を撮るために、制作者はこの大作に取り組んだのかもしれない。みずから円都を故郷として受け入れたとき、初めて貨幣への執着から解き放たれる。この逆説に深いリアリティが感じられる作品である。

太陽の輝きに秘められた罪　『太陽がいっぱい』（一九六〇年）

最も有名なフランス映画の一本だろう。主人公のトムは教育もなく貧しい。ところが友人のフィリップは富豪の息子で、豪華なヨットを乗り回している。そのうえ恋人のマルジェは絵の中から抜け出したように美しい。おのずと二人の関係は公平性を失う。彼らは夜の街を遊びまわるが、主人と従者の役回りは明らかだ。フィリップは恋人の肩を抱いて、次第にトムを使用人のように扱いはじめる。

作品の舞台は太陽が輝く地中海。そこに浮かぶヨットの遠景もすばらしい。だがトムのこころは晴れない。彼はヨットの船室で抱き合う二人を強烈に意識しながら、甲板で日射しに背中を焼かれ舵を取る。その嫉妬に燃える仄暗い瞳は、観客に深い印象を与えるだろう。

地中海の輝きと主人公の心象風景。この落差が作品に深みを与えている。太陽は輝いている。だがトムのこころに光は射さない。これは人間の日常の戯画である。どんなに空が晴れていても、何か気に入らないことがあれば、きれいな水の入ったコップにインクを一滴落としたように、人間は世界を曇らせてしまう。こころは、まるで魔術師のようだ。

ドストエフスキーの『罪と罰』にも同様のモチーフがある。主人公のラスコーリニコフは金を得るために高利貸の老婆とその妹を殺してしまう。その後、彼は夜の橋からペテルブルクの街を眺めて、かつてこのうえなく美しかった夜景から、あらゆる輝きが消え失せていることに気づく。同じ場所に立っても「壮大なパノラマ」はそこになく、「過去のすべてが得体のしれない深みに沈んでしまったように」思われるのだ（第二部第二節）。かつての風景の美しさは、それを眺めるこころを映し出していたのだろう。

フランス映画の話にもどろう。主人公の青年は財産もなく恋人もない。そこで彼は狡知を働かせて一計を弄する。まずヨットの甲板から友人を海底へ葬ると、故人のサインを偽造して、その預金に手を付ける。さらに恋人の行方もわからず悲しみに暮れるマルジェに取り入ると、ついに彼女までわがものにする。マルジェを慰めながら、その表情を盗み見るトムの目は、まるで獲物を狙う野獣のようだ。こうして主人公は友人を亡き者にし、その富と恋人を奪い取ることに成功する。それは彼の心象風景から初めて黒雲が打ち払われ、高い空がひろがったときだった。

最後の場面は衝撃的だ。すべてを手に入れたトムは海辺のカフェでくつろいでいる。彼の表情は南国の太陽のようだ。この場面ほど主人公が晴れやかな表情を見せるところは他にない。トムは給仕の女性に声をかけられ、気持ち良さそうに空を見上げて「太陽がいっぱいだよ」（plein soleil）と応える。この作品で表題の言葉が発せられるのは、ここだけだ。すべてが思い通りになったとき、初めてトムの世界にも太陽が昇った。ところが次の瞬間、ヨットの錨にからまった友人の遺体が発見され、トムの完全犯罪は破綻する。そして最後に美しい海がスクリーンに映し出されて、物語は終幕する。

この海の眺めは虚構の幸せがもたらす風景だったのか。それとも海はこころのかたちに関わりなく、いつも、そこにあったのだろうか。花や空の美しさを愛でるとき、その美を無条件に称えることはできない。「太陽がいっぱいだよ」とつぶやくとき、その幸せには人知れぬ罪が隠されているのかもしれない。

V

都会の片隅の希望

未来から贈与される今

『アバウト・タイム——愛おしい時間について』(二〇一三年)

時間旅行という過去への逃走

主人公はティム、二十一歳の青年である。彼はイギリス南西部の町で暮らしている。父母と叔父、ティムと妹の仲の好い一家だ。家族には、ささやかな蓄えがあるのだろうか。父親は五十歳で大学を退職し、それからは読書の日々を送っている。彼らは海辺でお茶を飲み、波間に石を投げて遊び、金曜の夜は映画を見て過ごす。アメリカの西部劇など保守的な作品が家族の趣味だ。海では叔父の椅子が浜辺で倒れてしまい、みんなで大笑いする。それが家族の記憶に残るほどの静かな毎日である。作品では映像が現れるまえに、まず海鳥の声と潮騒が聞こえてくる。打ち寄せては引く波のように、変化のない幸せな日々。こうした小さな物語世界が冒頭で提示される。

作品は過去を追憶する主人公の視点で語られる。今から始まる物語には様々な出来事が待ち受けていることだろう。だが過去を物語るティムの声は朗らかだ。その声は見るものを落ち着かせる。多くの出来事も最後は潮のうねりのように調和していくのだろう。冒頭で一家は小さな町に仲良く安住している。ただし父親と青年では立ち位置が異なる。青年は永遠にまどろむような子供時代の先端にいる。それは夢が終わろうとする瞬間だろう。父親には長い過去がある。人生の波浪をへて、彼は最後の凪《なぎ》のときを迎えている。父親は息子が漕ぎ出す海から帰って来たのだ。その意味で父は子の指南役を務めることになるだろう。

主人公は二十一歳。それは転機の年だった。大晦日の夜、ティムはパーティで挫折を味わう。そこでは男女が秒読みとともにキスして新年を祝う。ところが彼はキスをためらいパートナーを傷つけてしまう。若者は恋人が欲しい。妹さえ知り合ったばかりの男とキスしている。だが、おくての彼は恥じらい一歩を踏み出せない。彼の部屋のドアには映画『アメリ』のポスターが貼られている。自分の世界に閉じこもり想像の翼を広げる少女の物語は彼の性格を示唆しているのだろう。次の日、彼は惨めな気分で朝を迎える。ベッドから起き出せないでいると妹が訪れて、父親が呼んでいるという。その書斎でティムは重大な秘密を知らされることになる。

父親は気さくな人物だ。これまで好きに生きてきた。ところが、この場面では息子をソファにすわらせて堅苦しく話し始める。それは一族の男たちに伝えられてきた秘密だった。彼らには時間旅行の才能があるというのだ。もちろんティムは文学好きの父親の冗談としか思えない。だが、父親が教える手順に従うと、あっけなく彼は過去にさかのぼってしまう。時間旅行の要領はかんたんだ。物置など暗いところにこもり、こぶしを握り、過去を念じる。それだけで、その過去を訪れることができる。これは何を意味しているのだろう。

一族の男たちは、みんな二十一歳で時間旅行を経験する。それは子供時代が完全に終わる年頃だろう。彼らの時間旅行は実につつましい。未来には行けない。文明にも影響を与えない。ヒトラーを阻止して歴史を変えることもできないし、トロイの美女ヘレネと恋することもできない。ティムの父親はディケンズを何度も読んだことくらいで満足している。そのわりには、たいした学者でもないらしい。彼によれば時間旅行で行けるのは自分が経験した過去だけだ。この説明は正確ではない。実際にはティムは妹を事故から守るために彼女の過去に駆けつけたり、恋人が別の男と出会う場面を妨げたりする。つまり彼は自分の大切なひとの過去にもさかのぼる。それは自分の現在をより良いものにするためだ。ティムは自分の現在が受け入れられない。だから過去にさかのぼるのだ。

そもそも暗いところでこぶしを握り、過去を念じるとは、どういうことか。受け入れ難い過去があるとき、私たちは一人になり、その過去を考え続ける。あるいは受け入れ難い現在に直面すると過去に逃走する。彼らの時間旅行とは、実は私たちの日常経験の戯画である。未来の憂いや過去の後悔。私たちの現在は錯綜している。単純な今を失うことで、子供は大人になる。時間旅行のおかげで複雑な一生になったと父親は言う。それは、すべての大人に当てはまることだろう。ティムは時間旅行を覚えることで大人の時間を生き始めるのだ。

どうやら過去を旅することは必ずしも幸せへの道ではないらしい。まずティムは金を手に入れたいと考える。ここで父親が息子に警告する。一族の先祖たちは時間旅行の才能で様々なことを試みた。たとえば祖父は金を求めて愛と友情を失った。ある叔父は金儲けに走って人生を浪費した。幸せな金持ちはいないというのが、父親の持論である。続けて父は息子をさとす。おまえがほんとうに願うことのために時間旅行を使えと。

それでは彼は何を願うのか。父親にさとされて、息子は言葉を選びながら彼女が欲しいと口にする。それは若者の手近な望みだろう。ここで父親は息子を祝福する。恋人は金や財産のような所有の対象ではない。愛する人と世界をともにすることは、ささやかな幸せである。だが愛し愛されることは、ことは長い道のりになるだろう。彼は家族から旅立たねばならない。家族とすごした幸せな日々、子供時代が終わりを告げる。ティムの長い旅が始まろうとしている。

ふたりのメアリと母なる故郷

内気で恥ずかしがり。内省的な若者はこころのなかで旅をする。時間旅行とは主人公にふさわしい特技だろう。それでも彼は恋人が欲しい。そのためには外の世界に旅立たねばならない。女性たちを通じて、彼は少しずつ世界を学んでいく。その意味で、この作品は彼の女性遍歴の物語とも呼べるだろう。もちろんティムは漁色家ではない。だれにも自分にふさわしい相手がいる。異性を通して彼は自分に出会っていくのだ。

作品には三人の若い女性が登場する。片思いの相手シャーロット、妻となるメアリ、妹のケイティである。夏休みに妹が連れてきたのがシャーロットだった。彼女は二カ月間、海辺のわが家に滞在する。まるで映画女優のような容姿。夏の光と男たちの視線を一身に集めるような女性である。ティムは彼女を「台風の目」(the eye of the storm)と呼ぶ。彼女がいるとティムは落ち着かない。その夏、彼のこころはシャーロットを中心に回り続ける。彼女もティムに気があるようなそぶりを見せる。だが彼の告白は、ことごとく逸らされてしまう。時間旅行を駆使しても事態は一向に進展しない。つまるところ太陽のような派手な女性は彼には向いていなかった。台風の目に近づくこともできずに、ティムは遠くに吹き飛ばされてしまう。この失恋によって、彼は「時間旅行で恋は得られない」とさとる。過去を旅しても自分の性格を変えることはできないからだ。恋の痛手は彼が自分にふさわしい相手に出会うための転機となるだろう。

失恋の後、主人公はロンドンへ旅立つ。法律事務所で働きながら弁護士をめざすのだ。下宿先は父の友人の家。大都市では何よりも「家族のつながり」がたよりになる。どこにいても家族と故郷がなつかしい。都会にいてもティムは地方の青年である。首都への列車に乗り込むとき、彼は「未来と恋人を探すのだ」と意気込んでいた。だが生来の内気のせいか、あいかわらず女性にはもてない。それが友人に誘われた飲み屋で運命の人と出会うことになる。

そこは灯《あか》りを落とした店だった。店内は暗く姿が見えない。内気な若者でも、打ち解けて異性と話せる仕掛けである。彼女の名前はメアリ。ふたりは意気投合して店の外で落ち合うことを約束する。外で待っていると店の暗がりから若い女性が姿を見せる。恥じらうまなざし。まるで街の灯りが天使の後光のようだ。この場面は真昼の太陽に輝いていた片思いの相手とは対照的に撮られている。メアリには夜の柔らかい光がよく似合う。ティムの表情にも深い落ち着きがある。再会を約束すると、幸せな気持ちにつつまれて彼は下宿への道をたどる。

どうしてティムはメアリに惹かれたのだろう。その理由は彼女の名前にあったのかもしれない。店で彼女の名前を聞いたとき、すぐにティムは「僕のお母さんの名前もメアリだよ」と答える。母親と恋人の名前の一致は、ティムがメアリに好意を示す他の場面でもくり返される。彼は母親が大好きだ。故郷を旅立つとき、父親にも「お母さんに何度も電話をするな」とからかわれる。彼にとって母親は故郷そのものである。作品では二度にわたり「すばらしい」という意味で「母船」

(mothership)という言葉が使われる。初めは、恋人が欲しいという願いを息子が父親に伝えたとき。次は、永遠の別れをまえに父親が時間の秘密を教えたとき。どちらも作品の鍵となる場面である。英語で「母船」(mothership)という言葉がすばらしさを意味する用例は多くはない。この語法は母なる故郷への主人公の憧れを示しているのだろう。

母に寓意される故郷。そこは、どんな場所なのか。主人公の人生の教師は父親である。作品の表舞台に立つのは父子である。母親は目立った役割を演じない。男たちの時間旅行の秘密も知らない。それでいて、まるで書割のようにいつもそこにいる。見方を変えれば、女性という書割のまえで男たちは生きていく。あらゆる出来事が演じられる背景。そこはひかえめな場所である。息子に恋人を紹介されたとき、母親は彼女を見つめて「あまり美人ではない」と気に入る。きれいな女性は「ユーモアのセンスが育たない」からだ。もてはやされて主役気取りになる女性は一家にふさわしくない。母と恋人、ふたりのメアリ。もちろん彼女たちは愚昧ではない。まわりを受けとめて機知豊かだ。女性たちの機知が作品に彩りを与えている。

母なる故郷。そこは保守的な場所である。多くの場面で作中の要素は保守性を志向する。ティムは弁護士、メアリは出版社の校閲係。ともに伝統的な職業である。彼の携帯は旧式で、彼女の髪と衣装は流行遅れ。メアリは宗教を重んじる厳格な家庭に育ったという。ティムの父親は大学教授だが進歩思想の持ち主ではない。あきもせず古典作家を読んでいる。「人間の一生は同じように終わっていく」というのが、彼の持論である。打ち寄せる波のように、永遠に変わらない時間が作品の底を流れている。この保守性が作品に落ち着きを与えている。

若者が恋をして、母親のような女性と一緒になる。そして自分が生まれ育ったような家庭を築いていく。どこにでもある話だろう。だが家庭は楽園ではない。どの家にも不幸がある。愛する者の不遇。老親との死別。若い主人公は冷たい大都会を生きていく。人々は他人の不幸に無関心だ。目も合わせず路上を通り過ぎていく。彼も早々に職場や下宿で不愉快な経験をする。そこには温もりのかけらもない。彼は愛する者を救うために何度も現在と過去を往復することになるだろう。このままでは社会と家庭は分裂してしまう。都会をどう生きるのか。家族の不幸をどう受けとめるのか。そうティムは問いかけられる。このとき遠い故郷の記憶が彼を救うことになるだろう。

都会を生きる

地方の青年にとって都会は住みにくい場所である。これまで主人公は家庭に守られて生きてきた。ところが彼はロンドンで経験したことのない冷たさにさらされる。父の友人である劇作家は下宿させてくれたが、不機嫌を隠さない。初対面の若者を「くず」(fuck) や「くそ」(shit) と呼び、執筆中に音を立てたら殺すと脅す。職場の法律事務所では上司はにこりともしない。ティムが手を差し出しても握手もせず、敵意のある言葉を残して足早に部屋を立ち去る。

ロンドンの場面で立て続けに都会の生きにくさが示されたのは、制作者の意図だろう。時々の帰省は別として、もはや主人公は地方には帰らない。彼は都会で生きていく。ここで、どう生きるのか。それが作品の主題となる。ただ右の場面でも静かに主題歌の旋律が流れている。最後は都会の不機嫌も受けとめられていく。そんな予感が場面をつつんでいる。

街路や職場には冷たい風が吹いている。それだけに都会では家庭の温もりが強く感じられる。街が殺風景であるほどに、それと反比例して家族や友人のつながりが大切になるのだろう。ティムにとってメアリとの出会いは不可欠な要素の集約点だった。若者は恋人が欲しい。しかも彼女は故郷を思わせる人だ。そこは都会を生きていく隠れ家となるだろう。いくつもの難題を乗りこえて、彼の恋は成就する。今回は時間旅行も役立った。それはティムにとってメアリが出会うべき人だったからだろう。

彼は彼女の部屋で暮らし始める。毎朝、ふたりは一緒に家を出て最寄りの駅で別れる。恋する若者には地下鉄の雑踏も美しい。地下鉄の構内ではバンドの生演奏が流れている。それはふたりのこころにひびくメロディだろう。「いつまで君を愛せるだろう。君の上に星々が瞬くかぎり、僕の力がおよぶかぎり」(How long will I love you? As long as stars are above you and longer if I can)。夕方までの別れを惜しむキス。この瞬間に愛は永遠を信じる。愛する人とたがいに受けとめあうとき、世界を生きる力が与えられる。そこが都会を生き抜く原点となるだろう。

ティムはメアリを故郷へともなう。家族への紹介。海辺でのお茶。メアリはティムの子供時代の習慣をともにする。もう彼女は家族のひとりだ。作品は幸せな気分で祝宴へと続いていく。野原での披露宴は土砂降りになった。見晴らしのいいテントは強風で吹き飛ばされ、祝杯を挙げる招待客はずぶぬれになる。それでも新郎と新婦は朗らかだ。

どうして晴れの日をこんな結末にしたのか。それは人生の風雨を受けとめる若いふたりの力を示すためだろう。結婚式の夜、新婦は大荒れの披露宴を振り返り、「これから、いろんな日があるわ」

と笑顔を見せる。もはや、ふたりの関係はゆるがない。恋の時代は終わりを告げた。これからは家庭を築き、社会へと漕ぎ出すのだ。

しばらくして可愛い子供が生まれる。ティムの幸せは最高潮だ。彼は娘を見つめて「世界で一番可愛い女の子」とつぶやく。もはや彼は過去を振り返らない。時間旅行は不要になる。なぜなら「生活の隅々まで喜びにあふれている」からだ。

ただし、彼の幸せは家庭という小宇宙に限定されている。家の外では大小の事件が渦巻いている。最愛の妹の不遇。妹は不実な恋人にふりまわされ、そのあげくに交通事故を起こしてしまう。またもや主人公は時間旅行を駆使して妹を救おうとする。さらに父親との死別が訪れる。彼は父との別れを受けとめられずに、葬儀の後も度々過去にまいもどり、以前と変わらぬ父子の楽しい時間を過ごそうとする。それは現実から目を逸らし、過去の追憶に生きるということだろう。

ここで制作者は時間旅行に新しい条件を追加する。あるとき主人公が過去から現在にもどると、最愛の娘が見知らぬ少年に変わっていた。過去への旅が、その後の受精に微妙な影響を与えたというのだ。さらに妻が次の子を妊娠する。もはや安易に過去へはもどれない。過去と現在、どちらを生きるべきなのか。彼は選択を迫られる。

この新しい時間旅行の条件は主人公を現実に直面させるための工夫である。その意味では規則の運用は曖昧でもかまわない。妹の場合には第一子の受精前にもどることが自制されるが、死別した父親とは妻が第二子を出産する直前まで会いにいく。どちらの場合も、これを最後にティムは過去と決別する。そもそも時間旅行は現在から過去への逃避の手段だった。今へと立ち返る。それがテイムに与えられた課題である。それは都会の人々と、ともに生きることを意味している。そのためには現在の受けとめ方が変わらねばならない。作品の後半で、彼は今という時間を新しい目で見ることを学んでいく。

世界という贈与

いかに今を生きるのか。最後まで息子の指南役は父親である。まだ父親が死去するまえのこと。息子は末期がんの宣告を受けた父親を見舞った。そこで父親は時間の最大の秘密を打ち明けた。ティムが父親に時間の秘密を学ぶのは二度目である。初めは二十一歳の春。それは人生へと旅立つときだった。大きな航海をまえにした不安が謙虚に耳を傾けさせたのだろう。次は死別のとき。ふたりには残された時間がない。最後のときだから、素直に語り合うことができる。仕事、結婚、家庭。これまで息子は、ひととおりのことを経験してきた。人生を去る父親の視点から、息子はこれまでの生活を振り返る。それは彼の生き方の転換点になるはずだ。

父親が教えてくれたのは「何ら劇的ではない」、ありふれた事実だった。ただし幸せになるための唯一の方法である。まず「平凡な人生を一日ずつ、みんなと変わらぬように送る」こと。幸せになるためには何も工夫はいらない。そのままの日々を送ることが幸せへの道である。もちろん殺風景な日常を反復するだけでは、何の解決にもならない。父親は日常を別様に見ることを教えているのだ。

作品では、ここで日常の不愉快な場面が挿入される。上司に冷たくあしらわれ、次の予定に急《せ》き立てられて昼食を済ませ、同僚と慌てて法廷へと駆けていく。帰りの地下鉄では隣席のイヤホンから苛立たしい電子音が流れてくる。どれもたえられない日常の現実である。以前の彼なら過去に逃避していたかもしれない。ここで次の秘密が告げられる。それは「毎日を正確にもう一度生きる」ことだ。彼は夜のベッドを抜け出して、父親の言葉に従い「つらい一日」を初めから振り返る。すると初めは気づかなかった多くのことが目にとまる。いったい彼は何を見落としていたのだろう。

ティムに与えられているのは今だけだ。今を生きるしか他に道はない。しかし、彼には今が見えていなかった。都会の日常では、「思い煩いや緊張で」、「いかに世界が素晴らしいか」わからなかった。父親の指南により今日をもう一度生きるとき、ティムは見過ごしていたコンビニの店員の笑顔に応え、法廷では広間に立ち止り、同僚に感嘆の声を上げる。「見てみろよ、何て美しい広間なんだ」。もちろん仕事に急き立てられる現実が変わるわけではない。しかし、現実に背を向けるのではなく、彼は今を受けとめようとしている。それは時間の流れ方が変わるということだ。

現在は過去から形成される。受けとめ難い現実に直面すると、ティムは過去にさかのぼり、過去を操作することで現在を変えようとしてきた。それが彼の時間旅行だった。それは現実からの逃走に他ならない。だが父親の最後の指南が彼の生き方を変える。ティムは一日をふり返ることで自分に与えられていた世界の美しさに気づく。もはや今を変える必要はない。それは時間旅行の終わりを意味するだろう。作品の最後にティムは独白する。「今の僕は一日だって過去にはもどらない。まるで、この日のために未来からやってきて、あたりまえで、あたりまえではない人生の最後の一日を楽しむように、日々を生きよう」。平凡なままで世界は輝いている。それが長く気づかなかった日々の事実なのだろう。

過去から現在へと流れる時間。過去に決定される現在は重荷である。だが世界が自分に恵まれていたと気づくとき、時間の流れが逆転する。日常に交わされる笑顔や何気ない風景の美しさ。それは私に贈与されている世界である。このとき世界は未来から現在に到来する。そこにあるのは汚れなき純粋な今である。それはまた、あらゆる人に贈られた知られざる今だろう。ここにいたり主人公の語りは一人称単数（I）から複数（we）になる。「僕らは人生の日々を一緒に時間旅行しているのだ」（We're all travelling through time together every day of our lives）。テラスでお茶を飲む恋人たち、オフィスの女性、公園での読書。作品は街の人々を柔らかく映し出す。

日々に新しい日常。それは美しくも満たされた世界である。だが都会の喧騒のなかで世界の贈与に気づくことは、まれだろう。なぜ主人公は今に目覚めることができたのか。それは満たされた現在の感覚が、彼の脳裏に息づいていたからだ。それは父親と過ごした故郷の思い出である。妻の出産前にティムは父親に別れを告げに行く。最後の時間旅行の場面である。このとき父親は息子を誘い、さらなる過去へさかのぼり、少年時代の海辺の散歩に連れていく。かつて家族で過ごした、あの場所だ。そこで父子は砂浜を走り、波間に石を投げ、水際で遊ぶ。そして海辺にすわり、ただ潮騒につつまれる。あらゆることが、そのままに海に抱かれている。それは過去の経験でありながら、永遠に現在する今である。なぜ父親は最後に息子の少年時代の記憶を呼び覚ましたのか。それは過去への旅に別れを告げて、永遠の今を生きるためだろう。大都会の雑踏でもティムには潮騒が聞こえる。父と海に抱かれた感覚が都会の底に自分をあらしめる世界を想起させるのだ。彼は今を生きる。まるで潮風に吹かれるように、さりげない人々の笑顔や風景が彼に語りかけてくるのである。

大都会が失くした孤独の底のぬくもり

『コーヒーをめぐる冒険』（二〇一二年）

街の活気と若者の無気力

ある朝のこと。主人公のニコはベッドから身を起こし、彼女を起こさないように服を着る。ところが彼女は目を覚まし、「コーヒーでも飲んでいけば」と声をかける。だがニコは遅刻しそうで落ち着かない。今夜の誘いも「山ほど用事があるんだ」とことわってしまう。まるでふたりの関係まで絶つような急ぎぶり。彼女は失望して、その場を立ち去ってしまう。ベッドに腰かけて、うなだれるニコ。ここでスクリーンが溶暗し、作品の表題（原題 oh, Boy／やれやれ、何てことだ）が示される。

主人公は二十代の後半。二年前に大学を中退し、親の仕送りを受けながら、ぼんやりと日々を送っている。どうやら親は息子が大学をやめたことに気づいていないらしい。作品ではベルリンでの彼の一日が描かれる。この日、ニコは様々なひとに出会い、その言葉に耳を傾ける。その過程で彼は何度かコーヒーを飲もうとするのだが、たった一杯のコーヒーが手に入らない。そこに込められた意味とは何なのか。全編モノクロの美しい映像にコーヒーの寓意を込めた大都会の物語である。

これから始まるベルリンの一日。そこでの出来事はすでに冒頭の場面で暗示されている。ふたりだけの親密な空間。おたがいの息づかいが聞こえるような、ゆっくりとした場所だ。ところが、そこにも都会の慌ただしさが紛れ込む。ふたりで過ごした夜の後なのに、たった一杯のコーヒーを一緒に楽しむ時間もない。仕事も大学もないはずなのに、山ほど用事があると彼は言う。もちろんニコは嘘をついているわけではない。何もなくても忙しい。それが都会の生活なのだ。朝のコーヒーを彼はやむなくことわった。彼女が自分との関係を拒まれた気がしたのも当然だろう。その拒絶は彼自身に返ってくる。都会の生活を受け入れて一杯のコーヒーをことわるということは、コーヒーを求めても得られない都会を生きるということだ。

まず彼は自分のアパートにもどる。その窓からは街が見える。行き交う人々、クルマ、サイレン、高架の列車。朝から街は活気にあふれている。窓の内側に目を転ずると段ボールの山。ニコは二週間前に引越したばかりだ。それは永遠に工事中の街ベルリンのひとこまだろう。事実、作品で彼はベルリンの街をさまよう。なぜ、ひとところに落ち着けないのか。それは最近のことではない。父親によれば息子は何ひとつ続かない。トランペット、格闘技、フェンシング、ギター、ピアノ。何もかも彼は途中で投げ出した。そして今度は大学中退。ひとつところにとどまれない。そこには何かが欠けているのだろう。

アパートで彼はシャワーを浴びる。それからコップの水に錠剤を溶かし、トースターでタバコに火をつける。これが彼の朝食である。作品で制作者は主人公に何も食べさせない。まるで食事代わりにニコはタバコを吸い、強い酒をあおる。レストランでも相席の友人は食べるのに、彼は水だけだ。アパートの隣人にもらった引越し祝いの手料理もトイレに捨ててしまう。パンの代わりにタバコをくわえても力はでない。おそらく紫煙は彼の無気力を象徴しているのだろう。街の活気と無気力は実は表裏の関係だ。その全体が作品ではコーヒーの欠如と対応している。

食事代わりのタバコをすませると、ニコはたまった郵便物を片づける。すると気になる一通が目にとまる。役所からの呼び出しだ。通知に目を走らせると、あわてて彼はアパートを飛び出す。行先は役所の運転適性診断所。彼は酒気帯び運転で免許証を没収された。それを取り戻すために所定の心理試験を受けねばならない。ところが担当の心理検査士は都会の不機嫌を絵にしたような男だ。被験者の言葉尻を捉えては心理不安定と決めつける。相手のこころに通じているようで、それをすべて皮肉の材料にしてしまう。結局、免許証はニコの手には戻らない。自分で運転できない彼は街をさまようことになるだろう。彼に免許証を返さなかったベルリンの不機嫌。それは、あてどなく人々に街を歩かせる気分でもある。

役所を後にすると気分直しにニコは喫茶店を探す。彼がコーヒーを求める最初の場面だ。店主の女は新製品やドーナツを売り込むが、ニコは「ごく普通のコーヒー」でいい。ところが、それにも二種類あるという。ようやく注文が決まり支払おうとすると、今度は小銭が足りない。少し負けてくれと交渉するところはベルリンらしいが、店主もゆずらない。足りないのは六〇セント。コーヒー代も払えない客を店主は近所のホームレスと決めつける。彼女は代金の不足が惜しいのではない。もう注文品はできている。彼女には一杯のコーヒーを贈る気持ちがないのだ。

そもそもコーヒーとは何なのか。それは取りあえず、あってもなくてもよいもの。嗜好品と呼ぶべきものだろう。なくても生活には差し支えない。だが、愛のように、それなしには生きられない何かである。ベルリンにはすべてがある。ただ何かが欠けている。不足の六〇セントのように、わずかに足りない何かをコーヒーは寓意している。あわただしくすする液体なら、どの街角にもあるだろう。それは商品の一種である。ニコが探している普通のコーヒー。それはお金では買えないものだ。だからベルリンの街では、彼はコーヒーを飲むことができない。そしてコーヒーがないからこそ、この街を果てしなくさまようのだろう。その意味でベルリンはニコであり、ニコはベルリンである。

ベルリンの人々――画一性のなかの多様性

作品で描かれるベルリンの一日。主人公は多くのひとに出会い、その言葉に耳を傾ける。このとき彼自身は何も主張しない。それによりベルリンを生きる人々の多様な姿が描き出されていく。ただし人々の多様性は画一性のなかにある。ニコが出会う人々は、だれもコーヒーを口にしない。それは、ただの偶然なのか。おそらく彼らもコーヒーに寓意される何かを遠ざけられた存在なのだろう。

役所の心理検査士は朝から不機嫌だ。彼は被検者に自分も飲み屋で騒ぎたいなどと不満をぶつける。喫茶店の女店主は客の気持ちを察しない。彼女は売れ線のセットを買わせることばかり考えている。だから相手をホームレスと見なせば用済みだ。店では他の客もニコに冷たい視線を走らせる。心理検査士と女店主。彼らは仕事を得て、まっとうに生きる人々である。毎日、客や被検者と関わりながら生きている。ところが、そのだれとも、まともに向き合わない。その背景には都会の孤独と他者への無関心がある。

アパートの住人は都会の孤独を強く感じさせる。上階の中年男は長いこと妻にふれていない。彼はアパートの地階にテレビとソファを持ち込み、そこでサッカーの実況放送に熱中している。他方で妻は食べるひとのいない料理に凝っている。何かに打ち込むことは必ずしも幸せを意味しない。それは不幸の裏返しかもしれない。家庭の孤独にたえられず、中年男は初対面のニコに悩みを打ち明けて泣き出してしまう。初めはニコも中年男をうとんじていた。だが、いつしか彼もひとりでテレビを見るようになる。ウォッカを片手に眺める夜のサッカー中継。アパートの暗い部屋。テレビの向こうでスタジアムだけが空々しく熱狂している。

もちろん都会の孤独など遠ざけて生きる方法もある。作品では主人公と対照的な人物も描かれる。それは彼の父親である。父親はやり手のビジネスマン。ドイツの首都をわが物顔で歩いている。そこには孤独など、かけらも感じられない。あるとき父親は息子をゴルフ場に呼びだす。仕事上のつながりで息子が大学をやめたことを耳にしたのだ。このとき彼は新しい助手を連れている。ニコのひとつ年下で、去年、法学部を卒業したばかり。上司の指示にロボットのように従う有能なビジネスマンだ。それは二年前に法学部を中退した無気力な息子を正確に反転させた人材である。父親はゴルフ場で息子と助手を見比べる。すでに父親は息子を見限り、仕送り先の銀行口座を解約していた。父親にとって新しい助手は息子の代用品に他ならない。都会の人波を気持ちよく泳ぐには、わが子くらい商品のように交換できねばならない。父と子は背中合わせ。やり手のビジネスマンと無為の若者は対照的でありながら、どちらも都会の産物である。両者は正確に対応している。これを父子として配置したのは、劇作上の妙だろう。

わずかなお金を手切れ金のように父親に渡されて、ニコはゴルフ場を去る。彼はみじめな気分だ。とても街にもどる気持ちにはなれない。そこで彼はゴルフ場から森に入る。都市に背を向けて自然へと逃れるのは、近代ドイツ文学以来の伝統である。自然に人為ならぬ本来の世界が求められてきたのだ。だが、現代では森は週末の息抜きの場所でしかない。もはや都市をおいて他に生きる場所はない。ニコもタバコに火をつけて一息つくと、野道をこえて無人駅から街へともどっていく。

大都会は人々を疎外する。そこで恨みを募らせて、破壊的な衝動を強めるひともいるだろう。そんな思想の可能性を示唆するのは、主人公の親友マッツェである。彼はニコを助手席にクルマを走らせながら、「この街は掃除をしなければ、くそだらけだ（…）焼き払うか、巨大なトイレに流すんだ」とつぶやく。マッツェは天才肌の俳優である。若い頃は映画や芝居の仕事が殺到したという。だが彼は本物の役だけを求め続けた。現実には納得できる役には出会えない。そのため結局は端役ばかりを演じている。本物を探して中途半端に終わる。ニコとマッツェはよく似ている。街を汚すくそとは、何をやっても中途半端な彼ら自身のことかもしれない。

それでは彼らが探す本物とは何なのか。マッツェはニコを連れて撮影所を訪れる。そこでは最近流行のナチスものが撮られていた。ユダヤ人の娘に恋するナチス将校の物語。巨大な時流に引き裂かれながら惹き合う若いふたり。その真実の愛にニコは「本当の話ならいいね」と口にする。彼らは撮影現場を見学する。俳優たちはすぐ目の前だ。ところがニコとマッツェは、わざわざモニターの中を通して芝居を見る。大時代的な俳優の演技はどこか滑稽でもある。真実の愛などはモニターの中の虚像でしかない。本物の仕事や真実の愛。そんなものは歓楽の街には転がっていない。ならばマッツェが言うように、こんな街は焼き払うべきなのか。それも思想的可能性のひとつだろう。だが作品は日常の風景に止まろうとする。そこで真実の愛を探すなら、どこまでも、街をさまようしかないだろう。

都市の孤独の独自性

都市の孤独は何に由来するのか。これほどにぎやかなのに、何が淋しいというのだろう。都会では何でもそろう。そのすべてがよそよそしい。自分の持ち物さえ、どこか得体が知れない。街ではカードが不可欠である。ところが使いなれたカードがATMに吸い込まれてしまい、ニコは途方にくれる。カードと銀行のネットワークなど、彼には理解できない。それはニコだけではない。スマホのユーザーはスマホの仕組みがわからない。レストランのシェフはレンジのガスがどこで採掘されたものか知らないだろう。それが都会の生活である。社会の規模が増すほど、生活の道具は不気味になっていく。自分の持ち物さえよそよそしいなら、どこに落ち着ける場所があるだろう。

現代の都市はどこも似ている。スマホで店を検索してクレジットで決済する。電子マネーで地下鉄に乗り、液晶の端末で雑誌を読む。アスファルトの道路にはクルマがひしめき、上空を旅客機が飛んでいく。アジアの都市を歩けるなら、ヨーロッパの街でも困らない。世界中の都市は同様の設計図で造られている。おのずと人々の表情や感情は相似する。作中のベルリンの孤独は東京の観客のこころにもひびくだろう。

都市の孤独は世界共通である。だが街から街へ孤独は形を変えていく。この孤独の形が都市の個性をなすのだろう。その異なりは街の歴史に由来する。いわば孤独が街の歴史を映し出すのだ。もちろん過去と現在は単純に連続するわけではない。現代は伝統と決別した時代である。この過去との断絶が逆説的な形式で孤独に個性をもたらすのだ。

ベルリンにはナチスの過去がある。この街では過去を肯定することは許されない。ドイツでは毎晩のようにナチスの非道を告発する番組が放送されるという。それは過去を拒絶する営みである。往時を肯定する態度は場末でも許されない。作品では、夜ふけに老人が昔をふり返りナチス式に敬礼する場面がある。すると騒がしい飲み屋が静まりかえり、あわててマスターが老人を制止する。夜ふけの飲み屋は日中の表通りではない。多少は羽目を外してもいいはずだ。そこでもナチスのふるまいだけは許されない。それが現代のドイツである。ここには過去との深い断絶がある。それが作品の孤独に独自の色合いを与えている。

作品ではナチスを想起させる場面が三度ある。最初は映画の撮影所だ。そこではナチスものが撮られていた。友人の主演俳優と再会して、おどけてマッツェはナチス式に片手をあげる。いかにも芝居めいたふるまいだ。もしもナチスをまねるのなら、まったくの演技でなければならない。それがベルリンでナチスが受け入れられる限界である。ここから作品は用心深く過去へと接近していく。過去との断絶。そこは人々の孤独の現場である。

次にナチスを想起させるのは、ニコの級友ユリアの逸話だ。マッツェとレストランで食事していたとき、ニコは向かいの席に記憶が定かでない顔を見つける。いち早く彼に気づいた相手は席を立ち近づいてくる。それがユリアとの再会だった。華奢な美人。ところが学校時代のユリアは今よりも三倍も太っていたという。クラスから虐《いじ》められて自殺未遂もしたと彼女は陽気に物語る。その後、彼女は特別学校に転校し、現在の美人に変貌した。つまり過去を克服したのだ。ユリアはニコに恋していたと告白する。偶然に好きだった彼を見つけて、彼女は興奮を抑えられない。それでも手首を掻き切ったことは楽しい思い出ではないはずだ。どうして、そんなことをよどみなく話せるのだろう。ユリアは奇妙に明るい。彼女の過去と現在は不自然にねじれている。

ユリアは小劇場に出演している。そこで彼女はニコとマッツェを今夜の舞台に招待する。それは実験的とはいえ異様な演出だった。ユリアはステージを這い回り全身で苦しみ悶える。それは人目には曝せない抑圧された感情の表現だろう。それでも観客の注目を集めることが気持ちいいのだと彼女はいう。倒錯した露悪趣味。それは自殺未遂の過去を暴露する態度にも通じている。

ユリアは美しく変貌した。だが彼女は過去の屈辱を忘れていない。その過去は抑圧されたままだ。彼女は美しい容姿で社会と男たちに復讐する。ユリアは楽屋でニコを誘惑する。容姿に恵まれなかった、みじめな少女。クラスメートに嘲笑された屈辱の記憶。それをニコに押し付けるのだ。性の興奮が高まると、ユリアはニコに「太った女とやりたいと言って」と強要する。やる（ficken）とは愛情のない野合を意味する言葉である。とたんにニコは冷めてしまう。彼女を体から引き離して、思わず「まるで過去の克服みたいだ」と口にする。過去の克服（Vergangenheitsbewältigung）とは、戦後ドイツで進められた非ナチ化の思想運動である。そこではナチスの加害は議論の余地なく拒否された。ヨーロッパで地位を取りもどすには、ドイツに他の選択肢はなかった。だが過去の否定には愛国主義の揺りもどしがついてくる。抑圧された過去が亡霊のように姿を現すのだ。

ユリアの美しさ。それはヨーロッパの首都となったベルリンの比喩である。もはや街路に醜悪な過去は見いだせない。それは表層の錯覚に過ぎないのだろう。過去は愛憎の対象として、今も拒否され愛着されている。もちろん過去への回帰は論外である。しかし、失われた伝統への郷愁もやみがたい。過去とのねじれた関係。ここに過去と和解できない現在の孤独がある。ニコの不用意な発言はユリアの内実を暴露した。彼女は憎しみに燃える目で一夜の恋人を口汚くののしり、ドアの外へと追い払う。どことも知れずニコは夜の街へと消えていく。

孤独の底のぬくもり

ユリアに楽屋から追い出されて、ニコは夜の街をさまよう。あてもなく行き着いたのはフリードリヒ通り。そこはベルリンを代表する繁華街である。だが歓楽の派手な光は彼を慰めない。とにかく彼はひとりになりたかった。そこで表通りを外れた暗い街路に酒場を見つけると中に入る。カウンターに他の客はいない。そこに腰をおろしコーヒーを注文するが、もうマシーンは洗ったという返事。こんな時間にコーヒーを飲む客はいないだろう。仕方なくニコはタバコに火をつけて、ウォッカのグラスを傾ける。すると背後から見知らぬ老人が近づき、「あんたは孤独な狼かい」と声をかける。作品で主人公が出会う最後の人物である。

この老人は素性が知れない。すでに酔っているように見えて、どこかこの世のものではない風情でもある。その言葉は箴言のようだ。まるで意味をなさないようでありながら、不思議に主人公のこころにひびく。たしかにニコは孤独な狼である。行き場もなく深夜の街をさまよい、ここにたどりついた。続けて老人は「人間の言葉がわからない」とつぶやく。同じ言葉を使っていても、「まるで別の言葉のように聞こえる」という。これも、だれともこころの通じない主人公のことだろう。老人は、ことわりもせずニコのとなりに席を取る。今は孤独を妨げてほしくない。彼は苛立ちを込めて「ひとりにしてくれ」と要求する。だが彼は老人の存在に惹きよせられていく。この老人はニコのこころが呼びよせた幻影なのかもしれない。

この酒場の場面は老人の一人語りだ。だが不思議と一方的な印象を与えない。いつにもましてニコは耳を傾けている。それは老人の言葉がこころに染み入るからだろう。老人は子供時代をふりかえる。空地でのサッカー。初めて自転車に乗れたときのこと。大人をまねて右手をあげて総統に敬礼したこと。そんな他愛もない話が気持ちを落ち着かせる。ここには現実をはなれた抽象的な思考がない。すべてが瑞々しい感覚で満たされている。それは、この朝から彼が求めて得られなかったものだろう。

ところが、ある事件を境に老人の幸せな少年時代は終わりを告げる。ある夜のこと、父親に大通りに連れ出され、少年は石を商店街の窓に投げつけたという。その夜、街中で散乱したガラス片は立ち上る火炎に輝いた。ナチスによるユダヤ人商店とシナゴーグの焼討ちとして知られる「水晶の夜」(一九三八年)である。老人は、まさにこの店に石を投げたと告白する。それは今ここで何かが失われていることを示唆しているのだろう。そのとき少年は破片だらけの道路では、もう自転車をこげないと泣いたという。それは頑是ない子供のわがままではない。そのときから街の空気は変わってしまった。もう無邪気に遊べる場所ではなくなったのだ。それから少年は街を去り、長い年月がたった。そして今夜、初めてもどってきたのだという。それは個人史にとどまらない歴史の真実を語っているのだろう。ナチスが全権を握った戦争前夜、この街から何かが失われた。そこに少年が生きうる場所はなかった。それは戦後の復興をへて現在まで続いている。なぜ、今夜、老人はもどってきたのか。それはニコの孤独な魂が、ここで失われた何かを求めていたからだろう。

ここまで語ると老人は酒代をカウンターに置き、席を立つ。ところが表に出たところでよろめき倒れてしまう。駆けよるニコ。老人は救急車で搬送され、そのまま翌朝、息を引きとる。老人に身寄りはない。それは深い孤独の底から現れた存在だったのだろう。朝になり、ニコは老人の名を知らされる。フリードリヒ。それはふたりが出会った通りの名前である。あのとき夜の酒場で街の真実が姿を現したのだ。なぜ若者は老人の声に耳を澄ますことができたのか。それは彼の孤独が街の孤独に受けとめられたからだろう。孤独の底の出会い。そこにだけ、ぬくもりがある。

主人公が病院の待合室ですごした夜が明けていく。そのとき早朝の無人の街がスクリーンに映し出される。工場の煙。大規模な集合住宅。巨大な壁に描かれた絵。そこでは両手に腕時計をしたサラリーマンが手錠をかけられている。そしてビルの落書きが大写しになる。「おまえら、みんな、やりやがれ」（Fickt eusch Allee）。この落書きは街への憎悪を意味しているのだろう。その文字は一部が逆さまになっている。裏返された憎しみ。それは逆転した希望の表現かもしれない。

最後の場面。主人公は喫茶店にいる。テーブルに置かれたコーヒー。それは温かく湯気を立てている。彼は愛おしむように両手でカップを抱き、ゆっくりと一口すする。窓の向こうを電車が走って行く。陸橋の下ではクルマや人々が往来し、彼方には飛行機が見える。ベルリンの朝のにぎわいが始まった。今日も変わらぬ一日がくり返されていく。だが、その日常には、ありふれたコーヒーがある。それを味わうとき、彼は孤独の底でふれたぬくもりを思い出すことができるのかもしれない。

彼と彼女の対話のステップ

『失楽園』（一九九七年）から『Shall we ダンス?』（一九九六年）へ

会社の息苦しさと異性への逃走

『失楽園』と『Shall we ダンス?』は同時期に制作された作品である。一方は悲劇、他方は喜劇。どちらも都会の男女を異なる視点から描いている。ここでの主題は狭義の男女関係にとどまらない。両作品の主人公たちは社会生活の孤独と息苦しさから、異性関係へと逃走する。ところが、その結末は大きく異なる。それは出発点をなす男女関係の形式の違いに由来している。換言すれば、社会に背を向けて閉じられていく関係と、ふたりの出会いを通して社会へと開かれていく関係の違いである。社会の閉塞感は広く共有される同時代の経験である。これに、どう応えるのか。これらの作品は各々の回答を示したとも言えるだろう。ここでは二本の映画を互いに照射することで、社会の閉塞感をこえる道を探りたい。

二本の作品の設定は、よく似ている。主役を演じるのは、どちらも役所広司。彼の役柄は共通して一流企業の有能な社員である。どちらの作品でも、主人公は都内に一戸建ての家を持ち、妻と娘と三人で暮らしている。妻は貞淑で、娘は素直。外目には順調な人生である。

ただ会社での立場は微妙に異なる。『失楽園』では主人公は資料編纂室に左遷された元編集長であり、『Shall we ダンス?』では、今のところ順調な中間管理職である。この違いは悲劇と喜劇という両者の基本性格にもよるのだろう。より重要なのは次の共通点だ。主人公の男性はそれぞれ順境と逆境にありつつも、どちらも会社と人生に言いようのない行きづまりを覚えている。そこで彼らは不倫(悲劇)と浮気(喜劇)を契機として、これまでの人生の外へ活路を見いだそうとする。

ふたりには年相応の地位と家庭がある。そんな彼らが家庭の外で、若い女に惹かれていく。これを中年男の火遊びとして片づけるなら、作品に解釈の広がりはないだろう。彼らは地位と家庭を得ながらも満ち足りない。会社の窓から夕暮れていく景色を眺めながら、このまま人生を終えていくことに重苦しさを感じている。この閉塞感をこえる出会いを彼らは求めていた。

主人公たちの息苦しさは何によるのだろうか。会社生活には企業倫理や生産性という共通のコードがある。このコードに従うことで、彼らは人並みの成果をあげてきた。しかし、このコードは会社員をかけがえのない個人として評価するわけではない。同じ業績をあげるなら、個別性なく第三者と交換できる。そこには私とあなたの関係の唯一性がない。こころは満たされないままに残されてしまう。会社の窓から眺める風景には、こころの空白が映し出されていたのだ。

主人公たちが欲していたのは関係の唯一性である。それを彼らは未知の女性に求めた。そこには身体感覚や生の歓びの回復も期待されていたのだろう。これらは会社生活には致命的に欠けている。そのため会社の外の私的領域で追求されていく。その意味で彼らの女性関係は企業倫理の逆転写だった。

だが身体感覚の回復が私的領域に限定されるならば、それは日の当たらない薄暗い路地裏の営みに終わる。主人公たちを抑圧する表社会の倫理には何の変化もない。しかし、会社の外の出会いが生活の全体を変えていくなら、それは小さな革命の意味を持つだろう。ここで二本の作品は袂《たもと》をわかつ。それでは、どのように道は別れていくのか。何が、その転機となったのか。ここには現代社会の問題を考える手がかりがあるかもしれない。

性愛の棺桶（『失楽園』）

男は会社を辞め女は夫を捨ててしまう。彼らは完全に社会の外へと逃走する。ふたりの目的地は愛の楽園である。そこでは性愛だけが至上の価値とされる。そのため作品では美しい映像に意匠がつくされている。能舞台、雪景色、列車の車窓、モノクロとカラーを重ね合わせる性愛の描写。これらはすべて、男女の関係を美しい織物とする工夫である。

たしかにスクリーン上のふたりは美しい。この美の絶対化、あるいは「芸術のための芸術」（l'art pour l'art）は、彼らが背を向けた産業社会への絶望の表現である。この絶望の徴として、ふたりの美しさには、つねに暗い死の影がある。彼らは性の営みは太古から変わることなく続けられてきたと、性愛の永遠性を誓い合う。だが、その行手に待つのは永遠の生命ではなく、社会から逃走した個人の破滅である。ふたりは快楽の深まりに身を滅ぼしていく。果てのない快楽の追求の先に、主人公が求めていた関係の唯一性はなかった。

最後の心中の場面となる雪国の宿は、まるで手の込んだ棺桶のようだ。この作品の主人公にとって会社は息苦しい棺桶のような場所だった。それを裏返しても生きる世界の構造は変わらない。産業社会の棺桶から、性愛の棺桶へ。これがこの作品の見えざるプロットだろう。

愛の物語にふさわしく、ふたりは自死により永遠に結ばれようとする。だが彼らを現代の『トリスタンとイゾルデ』や『ロミオとジュリエット』になぞらえることはできない。ふたりの死は、真正の悲劇作品が約束するような希望を少しも与えない。それは現代の社会関係を変革する希望の形象ではなく、表社会を裏返した私的な縮図にすぎない。彼らの密通を取り持つ道具が携帯電話やシティホテルであったことは、表社会（倫理）と裏社会（不倫）の共犯関係を暗示している。このとき「失楽園」（Paradise Lost）という表題は性愛の楽園の終わりだけではなく、このような袋小路しか逃げ場をもたらさない産業社会の行きづまりを語っている。

表社会の倫理に疲れたとき、私たちは性愛の美しさに誘惑される。だが、美の誘惑は破滅へと続く。その道は行き止まりである——この作品は、そう告げているようだ。

ダンスという出会いの技術（『Shall we ダンス?』）

主人公は一流企業の経理課長。その業務内容にふさわしく、妻に「たまには飲んで来て」と言われるほどの堅物である。そんな彼がある日を境に、なぜか帰宅が遅くなる。さらに土日も家を留守にするようになり、素振りにも不審なところが目立ちはじめる。帰宅すると、ワイシャツには香水の匂い。こうなると世の妻が疑うことは、ひとつしかない。ただし、それはよくある浮気とは違っていた。初めのうちは平凡な浮気だったが、そのうち彼は女性ではなく、女性目当てに始めたダンスに本気になってしまったのだ。

この方向転換には心理の必然性がある。主人公を女性へと引き寄せた会社生活の空白感は、恋愛ではなくダンスによって満たされるべきものだったのだ。ある夜、彼は女性を食事に誘い、手ひどく拒絶される。それは彼にとって幸運だった。おかげで失楽園への道は閉ざされたのだ。ここで経理課長は迷いつつも、ダンスを続ける決意をする。実を言うと、彼はすでにダンスの面白さに夢中になり始めていたのだ。

このふたりの出会いには設定の巧みがある。主人公の意中の女性、舞はダンス教室を所有する老夫妻の一人娘。幼い頃からダンスの英才教育を受けた才媛であり、両親の期待通りの素質を示し、本場イギリスのコンクールで優秀な成績を収めたという。ところが、突然パートナーに関係を解消され、今は失意の底にある。彼女には相手が去った理由がわからない。ほんとうは「過剰な自信ばかりで（…）相手をこころの底から信頼することなしに自分一人で踊っていた」からなのだが、そう気づくのは後のことだ。うわべの付き合いだけで、彼女は相手に出会っていなかった。だれとも通じ合えない孤独を過剰な自信で覆い隠していたのだ。ところがパートナーに去られて自信がくずれ、こころの空白に直面することになった。

主人公が彼女に惹かれたのは、こころの空白と空白が共振したからだろう。彼はダンスを始めた理由を次のように語る。作品の後半、ふたりきりの夜の教室の場面である。「二十八歳で結婚。三十歳で子供が生まれて、四十を過ぎて家を買った。今度はローンを返すためにがんばればいいのに、何かが違う。そんなときに、あなたに出会った」。彼が彼女を見つけたのは、帰路の電車の窓の外。何となく眺めた都会の空に、ダンス教室の窓辺に立つ女性を見つけたのだ。その美しい人は生気なく、目も虚ろ。その日から、彼は電車の窓の向こうに彼女の姿を探すようになった。これまで彼は経理課長として会社の算盤をはじいてきた。そこには、こころを満たす出会いがなかった。こうして中年男は堅物の節を曲げ、ダンス教室に入門することになる。この物語の展開には人間心理の説得力がある。

彼と彼女は、どちらも胸に空白を抱いている。そんなふたりが出会えば、劇的な恋へと展開するのだろうか。そうなれば失楽園の末路へと一直線だ。この危険から、ふたりを救ったのはダンスというコミュニケーションのツールである。それは出会いには技術が必要だということを示唆している。この技術を習得するために、主人公は練習と失敗を重ねていく。ここで出会いの技術を指導する第三者が登場する。

意中の彼女に拒絶されても、中年男は地道にグループレッスンに通い続ける。ところが経理課長はダンスが下手だ。いくらやっても、うまくならない。ここで老婦人、タマコ先生が彼を助ける。彼女はグループレッスンの指導者で、個性派ぞろいの教室の生徒たちを少しずつ溶け合わせていく。タマコ先生は彼に教える、「ダンスはステップじゃない、音楽に合わせて、楽しんで」。そして彼の手を取り“Shall we dance?”と声をかける。こうして音楽に合わせ、不器用ながらもステップを覚えていく彼の姿に、今度は氷のような舞のこころが溶け始める。彼女は相手を信頼し、息を合わせて踊ることの大切さに気づき始めたのだ。

この後は、物語は水の流れのように進んでいく。タマコ先生のすすめで、主人公は教室の女性とペアになりアマチュアの大会を目指すことになる。このふたりを指導するのはタマコ先生に請われた舞である。ぎこちないペアの動きと不機嫌な舞の表情が、少しずつ和んでいく。彼らはこころを通わせて踊ることの歓びを覚え始めたのだ。

dance からダンスへ

この映画の主題は"Shall we dance?"という問いかけに込められている。出会いのコミュニケーションは、ささやかな"Shall we dance?"という問いかけから始まる。相手の目をみつめ、息をあわせ、一緒に楽しく踊りだす。それは会社や学校や地域など、あらゆる社会の現場で求められることだろう。私たちは他者と向き合い、"Shall we dance?"と問いかけるように語り合ってきただろうか。この呼びかけが届くなら、大人も子供もダンスに応じてくれることだろう。

もちろん、そこにはダンスという技術が必要だ。相手の立場をわきまえない一方的な介入は暴力である。相手を拒絶する孤立主義も同様である。それが社会を覆う閉塞感の一因だろう。このとき他者の声に耳を澄ませ、その言葉を受けとめるには長い修練が必要である。この修練なしに"Shall we dance?"という呼びかけは生まれない。この作品でも主人公は練習を重ねた。雨の夜の公園で、駅のプラットフォームで、会社のトイレで、彼はステップを踏んだ。だれかと通じ合うことを望むなら、私たちも初歩からステップを学ばねばならない。

それではステップとは何なのか。どこで、だれが教えてくれるのか。この問いには答えがない。社会の現場は多様である。それぞれの現場でステップを覚えるしかない。ただ、踊り方がわからずに苦しむとき、思いがけない人が自分のタマコ先生であることに気づくのかもしれない。

その意味でこの『Shall we ダンス？』という表題は絶妙である。物語は由緒正しい英国の社交ダンスの場面から始まる。それは正統的な dance である。これをそのまま持ち込んでも生きる技術にはならない。作品でも日本人に社交ダンスは似合わないと笑われていた。

作品の冒頭で表題が示されるとき"Shall we"に続けて、ゆっくりと「ダンス」の文字が浮かび上がる。dance からダンスへ。他国の伝統や他人の経験は dance である。これにならいつつ、私たちは自分の現場でダンスを習得しなければならない。そこには共なる世界と通じ合う、こころと身体の歓びがあるだろう。

死者の海に抱かれた生者の街　『海街diary』（二〇一五年）

父親へのわだかまり

姉妹の四季の物語。幸《さち》、佳乃《よしの》、千佳《ちか》の三人は鎌倉の古い屋敷で暮らしている。年頃は二十代。それぞれ恋仲の相手はいるが、まだ結婚は見えない。三人は市民病院の看護士、信用金庫の窓口係、スポーツ店の店員として働きながら、まるで女子寮のような生活を送っている。作品は父の死から始まる。朝、恋人のベッドで眠る佳乃の携帯が鳴る。姉からの呼び出しだ。山形で暮らす父親の訃報が届いたという。父親は別の女性と暮らすために十五年前に失踪した。それ以来、音信はない。その後、母親も別の男と一緒になり、今は札幌にいるという。

父親の葬儀は山形。だが長姉の幸は気が進まない。父親への複雑な感情が残っているからだ。そこで夜勤を理由に妹たちを山形に送ることにする。彼女は一家の母親役だ。自他に厳しく几帳面。今でも妹たちと卓袱台《ちゃぶだい》を囲むと、食事の作法や姿勢を注意する。学校では、ずっと学級委員だったという。それだけに世間の倫理に背いて家を出た両親のことが許せない。ところが彼女自身も実は同僚の医師と不倫関係にある。この二重性が幸の性格に陰影を与えている。

次女の佳乃は奔放だ。信用金庫という堅い職場にありながら男たちに振り回され、家では缶ビールが手放せない。そのため幸は佳乃に特に厳しい。作品では二人が言い争う場面が少なくない。だが三女の千佳によると「あのふたりは、いざとなると結束する」という。家の中が修羅場でも、千佳は平気で渓流釣りの練習をしている。自分の世界にこもる性格なのだろう。千佳のおかげで家の中はのどかな空気が流れている。

ためらいつつ幸も遅れて山形に到着する。そこで三姉妹は父が残した腹違いの妹すずと対面する。父親は山形で再々婚していた。継母との葛藤にたえつつ、すずが父を看護していたことに幸は気づく。厳しい境遇に耐えて自分を律してきたすず。そこに幸は自分を重ね合わせる。だが二人の関係は重層的だ。すずは失踪した父親の忘れ形見。それは幸にとって受け入れがたい過去の産物だろう。三姉妹の叔母は「あの子は妹だけど、あんたたちの家庭をこわした人の娘さんだからね」と釘を刺す。鎌倉と山形。それは父親の生き方がもたらした相容れない土地である。

すずは駅に姉妹を見送る。彼女たちは別れを惜しみつつも、まだどこか、よそよそしい。三人が列車に乗り込み、プラットフォームに残るすずと向き合ったとき、幸は思わず「鎌倉に来ない」と声をかける。佳乃と千佳も驚きつつ微笑んでうなずく。どうして別れ際に誘いの言葉が口をついたのか。それは健気に生きる少女への共感だけではないだろう。すずに声をかけたとき、おそらく幸は過去へのこだわりをこえようと決意したのだ。ここから過去と出会う彼女の歩みが始まる。それは彼女一人の過去ではない。ここにはふたつの過去がある。すずは父親の以前を知らない。三姉妹は父親の以後を知らない。生活をともにすることで、ふたつがひとつに溶けていく。それとともに彼女たちは過去を共有していく。作品では幸がすずの肩を抱きよせる場面が三度ある。そのたびに彼女たちは本当の姉妹になっていく。

父親の四十九日を過ぎたころ、すずが鎌倉に越してくる。そもそも彼女は活発なサッカー少女だ。地元の中学とチームに溶け込み、すっかり人気者になっていく。だが、こころの底には屈託がある。家庭に不和をもたらした不倫の子。どこか彼女には居場所がない。ただ三姉妹にも親に捨てられた複雑な感情がある。とりわけ幸は父親を拒絶していた。冒頭の葬儀の場面。立ち上る火葬場の煙を見上げて、彼女は父親を「だめなひと」と決めつける。友人の保証人となり借金を背負い、すぐに女性に同情する男。それは女子寮の寮母と呼ばれる彼女には受け入れがたい生き方だろう。この作品は幸が父親を受け入れていく物語である。だが父はもういない。父が残したすずを受け入れることで、彼女は父と出会い直していくのである。

家族の味と匂い

家族とは何か。それは味と匂いを共有する関係である。どの家にも独特の味や匂いがある。それらは現在のものでありながら、ただちに過去の記憶を呼び覚ます。その意味で味や匂いは現在における家族の歴史の場所である。花火大会の午後。ひさしぶりに取り出した浴衣に残る祖母の匂い。料理に伝わる母の味。作品に登場する料理は海のものばかりだ。それは家族をこえて鎌倉という海の街へと記憶の領野を広げる。祖母のちくわカレーに母のシーフードカレー。食堂のアジフライに南蛮漬け。喫茶店のシラストースト。これらの味を覚えることで、すずは家族となり鎌倉の子となっていく。

作品で特別な小道具とされるのが梅酒である。姉妹の家の庭には母が生まれたときに祖父が植えた梅の木がある。その実で家族は代々梅酒を作ってきた。毛虫を取り、実を収穫し、焼酎に漬ける。今でも台所の床下には祖母が漬けた最後の梅酒が残っている。家族に危機が生じたとき、彼女たちは梅酒で卓袱台を囲む。また札幌から母が法事に訪れたとき、幸は和解の印に梅酒を贈る。そこには家族の手仕事と伝統が込められているのだ。すずは酔って叱られたとき、家の梅酒が飲みたかったと言い訳する。それは家族となるための通過儀礼だったのだろう。彼女の部屋の窓からは梅の木が見える。これからは、すずも家族の梅酒作りに加わるはずだ。梅酒の酔いは家族の記憶の深みへと通じている。

家族には独特の呼吸がある。わずかな身振りや目くばせで気持ちが通じる。気心の知れた関係に言葉はいらない。それは家族にとどまらない。作品では人々はゆるやかにつながっている。まるで鎌倉では、だれもが顔見知りのようだ。

この人々の親しさを演出する作中の言葉がある。それは「あれ」である。ここでは不自然なほど「あれ」が多用される。すずに鎌倉に来るように声をかけるとき、ためらう少女に幸は「すぐにあれしなくていいから」と言う。三姉妹の実母は法事に遅れて「ネックレス、どこにあれしたか分からなくなって」と言い訳する。また千佳はスポーツ店の店長とすずのサッカーの試合を応援に行く。そこで、すずとキャプテンの風太の息の合ったプレーを見て、「あのふたり、あれなんじゃない」「あれって」「あれは、あれだよ」「ああ、あれか」と言葉を交わす。最後まで「あれ」とは何かわからない。千佳と店長と観客は別の「あれ」を思い浮かべているかもしれないし、それでもかまわない。この作品で最も頻度の高い言葉は「あれ」だろう。

この「あれ」の多用は何を意味するのだろうか。映画や芝居では書割の外にいる観客には物語世界の状況がわからない。そのため不自然な説明がなされることもある。だが日常では事情が共有されていれば説明は不要である。あれと言えば十分だ。多少は曖昧でも、ことは進む。この作品では登場人物たちは日常に近い話し方をする。そのため発話の内容が不明瞭になることをおそれない。それは作品全体を家族の親しさで包み込むためだろう。彼女たちは過去を共有している。すでに物語が始まるとき過去は完結しており、それは現在において発見されることを待っているのだ。

過去を生きる町

古都の歴史の深み。それを演出するためにスクリーンの外に用心深く遠ざけられたものがある。それは商業資本だ。作中の鎌倉にはコンビニがない。イオンもスタバもユニクロもない。中学生でさえファストフードを知らず、家族ぐるみの付き合いの食堂で外食する。好物もアジフライやしらす丼など海に由来するものばかり。買物は現金で、クレジットカードやATMが使用された形跡はない。まるで一昔前の地方を見ているようだ。しかも、この町は変わることを欲さない。幸は恋人とボストンに旅立つことを拒否して、町に残る。妹たちも、このまま五十年後に「おばあちゃんになる」ことを想像して「それ楽しいかも」と笑いあう。まるで古都が永遠に続くような幻想が作品を包んでいる。

この作品の時間構成には工夫がある。それは現在と過去の関係である。過去は独立して存在しない。あくまでも過去は現在の内容として描かれる。姉妹が家族の思い出を語る場面では、過去をイメージする映像は用いられない。古い花火大会の写真を姉妹がのぞき込む場面でも、決して写真自体は示されない。作品は父親の葬儀の場面から始まるが、そこでも遺影は写されない。父親の名前も語られない。父親の実像は、ただ姉妹の記憶を通して構成される。父や祖母は現在の視点から語られるものとしてあり、もはや過去そのものはどこにもない。それは姉妹の今だけに光をあてるためだろう。ただし、彼女たちの現在は過去から構成されている。

鎌倉の四季。その風物がスクリーンを彩る。まるで日記のように日々の営みが淡々と綴られていく。花火、浴衣、障子の張替え、アジサイ、漬物、シラス漁。それらは永遠の歴史の表現点としての現在である。これらの映像の美しさが作品の評価を高めていることは、たしかだろう。姉妹は過去を共有することで絆を深め、父母と和解し、作品は幸せな気分で終幕へと向かう。だが、どことなく奇妙な印象をぬぐえない。過去から織りなされる家族の現在。そこには未来がない。この未来の不在は何を意味しているのだろうか。

この作品は若やぐ四人の女優の共演で話題になった。ところが彼女たちは決して未来を語らない。その視線はつねに過去を向いている。ここには、ひとかけらも若さがない。まるで彼女たちは過去を生きるように定められているようだ。この未来なきものとは、だれなのか。それは老人である。老は死に親しい。この作品は老いの目から見た人生の物語なのだ。それは死を背景にした生とも言えるだろう。生者には生が見えない。死を背景にしたとき、初めて生は輪郭を持つ。そのとき、ありふれた日常が存在感をもって語りだし、古い日記のひとこまのように些事が輝き始める。ここに作品の映像美がある。

この作品は死の色が濃い。父の死去と葬儀に始まり、祖母の七回忌をはさみ、一家の親しい友人の病死に至るまで、作品では三回も法事の場面がある。まるで若い女優たちに喪服を着せるために撮られた映画のようだ。実際に物語が深まるほどに、彼女たちは喪服が身についていく。それは作品が終わりに近づくほど、死に親しんでいくからだろう。それは言葉で語られるよりも、姉妹の表情や海に抱かれた古都の風景として示されていく。

父親との和解

日常において生の現実は受け入れがたい。つまらない些事にも苛立ちを覚えてしまう。それどころか死者さえ受け入れられない。長女の幸は葬儀の後でも父親を許せない。火葬場の立ち上る煙を見上げて、「だめなひと」と吐き捨てる。女にひかれて家庭を捨てた父親など長女には理解できない。ただ、それは彼女の意識の表層にすぎない。幸は職場の医師と不倫している。そのことに彼女は葛藤しているはずだ。父親を許せないのは、彼女が自分の現実を受け入れられないからだろう。

父親と自分を無意識に重ね合わせることで、彼女は日常のいたるところに父親の影を見いだしていく。父に似て異性にだらしない妹を見ると、姉は口うるさく注意してしまう。彼女の目には母も父の同類である。作品の設定では、母は父の浮気の犠牲者でもある。母親は「もとはといえば、お父さんが女の人を作ったのがいけないのよ」と主張する。だが幸は子供を捨てて再婚した母親が許せない。長年の母との確執。それを彼女は「昨日みたいに、よく覚えている」という。法事で再会するたびに、母と娘は修羅場を演じてきた。今年も母親が実家に泊まれないのは「後ろめたい」からだと、長女は言い放つ。子供時代は学級委員で今は一家の責任者。それは受け入れがたい現実を拒否するために演じてきた優等生の役回りだったのだろう。今年の法事も、やはり修羅場となった。次女は長女に「ちゃんとやってるとこ、お母さんに見せたいだけじゃん、意地張ってるだけじゃん」と言い返す。

自分の苛立ちを他人に投影するかぎり、自分の現実は他人の背後に隠れて出てこない。そのかぎり自分の現実と直面することはないだろう。幸の転機は、すずだった。鎌倉の母娘の確執を目にして、それが実母のせいであることに、すずは胸を痛める。ふたりが台所に立っていたときのこと。まるでこころがそのまま言葉になったように、すずはつぶやく。「ごめんなさい、奥さんがいる人を好きになるなんて、お母さん、よくないよね」。すずは不倫の子。彼女は家族の不和を一身に引き受けて立ちつくす。幸は打たれたようにすずを見つめ、「あれは、どうすることもできないことだったの、だれのせいでもないんだよ」と答える。このとき彼女は父親に自分を重ねていたはずだ。彼女が同僚の医師にひかれたのも、どうしようもないことだった。わがままで女にほれて生きた父。それがどうしようもないことだとわかったとき、初めて幸は父親を受け入れることができたのだろう。

この場面で、幸はすずと並んで夕飯の支度をしている。台所は生活の場所である。そこには祖母の代から伝わる家族の味と伝統がある。それは家族の業が如実に感じられる場所だろう。父親と家族と地域の人々。その絡まりの結び目に彼女の今がある。父親と自分が重なる一点を受けとめたとき、日常の苛立ちの謎が解けたはずだ。そのとき幸のまえに、現実との和解の道が拓けたのではないだろうか。

死者の海へ

法事の翌朝、母親が鎌倉の家を訪ねる。母は娘に土産を手渡すと、これから墓参して帰るという。立ち去る背中を追いかけて、娘も母についていく。雨の中、ふたりは寺の境内を登る。墓前に手を合わせて「ごめんなさい、出来の悪い娘で」と祖母に詫びる母。何かに気づいたように、幸は手を合わせたまま母を見つめる。まるで初めて母を見たような目だ。墓参は人を謙虚にする。それは完結した故人の人生が手を合わせる人を黙して受けとめるからだろう。そこにいたのは自分を詫びるしかない母だった。どちらも、どうしようもない、ただのひと。こうして母と娘はたがいを受け入れることができたのだろう。

幸は母を駅に見送る。そこで彼女は母に梅酒を贈る。祖母が漬けた最後の梅酒と娘たちが漬けた今年のもの。そこには過去から現在に至る家族の時間が込められている。家族の伝統のなかに母もいた。その伝統のなかで母も娘も自分の業を生きるしかなかった。母を乗せた列車が去っていく。それを見守る幸の前景には、雨に濡れたアジサイが咲いている。それは様々な生き方を受け入れる世界の然《しか》りを告げているようだ。

日常のただ中では死は見えない。そこには生の喧騒があるばかりだ。そこを一歩退いたとき、初めて生の全体が見えるのだろう。父には好きな場所があった。それは山道の先にある小高い丘だ。鎌倉でも山形でも、父は娘を連れて丘に登った。そこからは町の様子が一望できる。すずに連れられて山形の丘に登ったとき、姉妹は鎌倉の丘からの眺めに似ていると驚く。山村と海辺の町の見た目は異なる。どこに共通点があるのだろう。人々の生活が山や海に抱かれている。そして日々の営みを黙して受けとめる空がある。それは日常をこえたところに見えてくる風景なのだろう。この意味で作品の表題は示唆的である。なぜ、この作品は『海街 diary』なのか。例えば『鎌倉日記』ではいけないのか。この表題は日々の営みが海と空に抱かれていることを告げている。

終幕が近づくにつれて、死が現実に近づく。幸は終末期医療の担当となり、看取りが彼女の日常となる。さらに長年の友人である海猫食堂の店主が病死する。そこは家族の行きつけの店だった。アジフライにアジの南蛮漬け。店主との別れは姉妹に生と死が背中合わせであることを実感させる。

最後の場面は海だ。友人の葬儀を終えて、喪服姿の姉妹が境内を下りていく。その先には海がある。そこは死者の海だろう。無数の死者が海に帰った。父も祖父母も、そこにいる。波に洗われる砂浜。そこは生と死の境界線である。和やかに語らいながら、姉妹は海辺を歩いていく。ゆっくりと遠ざかる四人の後姿。その先で海と砂浜がひとつになる。いつか彼女たちも海へ帰る日が来るのだろう。ささやかな日常の背景に海がある。そんなことを予感させる終幕である。

都会のごみを受けとめるまなざし　『間宮兄弟』（二〇〇九年）

新聞の投書欄に「カセットテープの生産をやめないで」という言葉があった。それを見て間宮兄弟を思い出した。

兄の明信《あきのぶ》はビール工場の商品開発研究員。小さい頃から水の微妙な違いに敏感で、仙台出張では「工場製品のビールでも、人間が作るものだから少しずつ味が違うんだ」とわかり、感動してホテルから弟に電話する。

弟の徹信《てつのぶ》は小学校の校務員。この仕事に就くために、タイル研修、ガーデニング教習、椅子修理修繕研修など、ありとあらゆる研修を受け、小さな資格を山ほど持っている。また新幹線が大好きで、駅に行くと歴代のモデルから装備の前照灯やトイレのシステム、さらには駅弁の種類と由来まで、いつまでも語ってあきない。

この兄弟は三十代となった今も、東京のアパートで一緒に暮らしている。二人は似ているようで、ぜんぜん違う。兄はのっぽで、弟は太い。兄はビールが大好きで、弟はコーヒー牛乳。だけど仲良しで、一日の最後には「今日の反省会」と称して、その日の出来事を枕を並べて語り合う。このつつましい生活に二人は満足している。

ただひとつの悩みは女性にもてないこと。そこで二人はホームパーティを企画する。狙いは小学校の同僚の依子先生（美人）とビデオ屋のレジで微笑んでくれる直美ちゃん（可愛い）。予想外にも二人の女性はカレーパーティに来てくれて、兄が作った三種類のカレーと各種のボードゲームも楽しんでくれる。

次に企画した浴衣パーティには、直美の妹の夕美と、その彼氏も来てくれて大盛況。兄弟は今後の展開に胸をふくらませる。だが恋の行方は儚《はかな》い。そもそも依子と直美には相手がいる。作品は夜の新幹線を眺めて涙ぐむ弟と、それを慰める兄の場面から始まり、最後にも同じ場面が挿入される。二人は都会の負け組なのだ。それでも兄は弟に「二人でこれからも暮らそう、静かに、今までどおりに」と声をかけて、自転車で走り出す。

この作品は「オタクを温かく描いたコメディ」という見方がもっぱらだ。たしかに二人の部屋には、紙ヒコーキ、鉄道模型、各種のフィギュアが整然と並び、壁一面の本棚には恐竜事典、家紋事典、四季の花事典などが仲良く並んでいる。浴衣パーティに来た夕美の彼氏も、「これじゃマミヤ兄弟じゃなくて、マニア兄弟だな」とつぶやく。

一般にオタクと呼ばれる人々は、特定の分野に強く執着する一方で、それ以外のことには関心を持たない。ところが間宮兄弟は、あらゆる小さなことに興味を示す。二人の部屋に飾られているものは、見方によっては都会のごみばかりだ。兄は同僚の家庭で、食べられずに捨てられるご馳走の気持ちを訴え、弟は一目惚れした人妻に時代遅れのＭＤを贈ろうとして、逆に最新式のｉＰｏｄを見せつけられる。

彼らが好きなものはアーケード街、横浜ベイスターズ、ケセラセラ。それは今にもごみになりそうなものばかり。都会のごみと、それを愛おしむ気持ちが兄弟の生活に温もりを与えている。そこにまわりの人々は深い落ち着きを覚えていく。だから恋には破れても、弟は最後に夕美から「友情の抱擁」を受ける。

この映画では政治も宗教も語られない。ただ小さなものを愛おしむ兄弟の姿が、逆説的に、急ぎ足ですべてをごみにしていく都会のあり方を強く感じさせる。映画の最後に、直美と夕美の姉妹が公園で話している。「ゆっくり二人で散歩できるのも今だけかもね」という姉に、妹が答える。「何言ってんの、間宮兄弟を見てごらんよ。いまだに一緒に遊んでいるじゃん」。それから二人は子供のようにはしゃいで、追いかけっこを始める。

この作品が与える兄弟のイメージ。それは都会の片隅で、無価値とされるものが存在を取りもどす場所である。「まみや」と聞くと、捨てられそうなものを拾い上げたくなる。そんな作品ではないだろうか。

思春期の途上で聞こえた死者の声　『ももへの手紙』（二〇一二年）

瀬戸内の汐島《しおじま》を舞台としたアニメーション作品。広島の三原から汐島へと渡るフェリーの甲板に少女がいる。東京から遠い島へと、母と娘は身を寄せるところだ。彼女は潮風に吹かれながら、手にした紙切れを見つめている。そこには、ただ「ももへ」と書かれていた。それは父親が遺した書きかけの手紙だった。最後の日、ももは父親とけんかをして「もう帰ってこないで」と言ってしまった。その直後に父親は海難事故に遭う。そして葬儀の後で、ももは父の書斎で自分あての手紙を見つけたのだ。お父さんは何が言いたかったのだろう。そう彼女は何度もこころのなかで問い返している。

ももは小学六年生。大人への入口に立つ頃だ。かりに五歳の少女であれば、父親の書きかけの手紙など気にも留めないだろう。甲板で母親の気配を感じると、ももはあわてて手紙を隠す。それは彼女のこころの秘密なのだ。

親しい人を失くしたとき、私たちはその人から空白の手紙を受け取る。その人は私に何を伝えたかったのだろう。死によって完結した存在が、そう私たちに問いかけてくる。子供から大人への入口で、ももは突然、父親を失くした。何も書かれていない手紙とは、実は父親の存在が彼女にとって謎だということを意味している。

ところで、この作品は妖怪物だ。スクリーンに映し出される最初の場面は、空から落ちてくる三つの水滴。それが甲板のももの髪に落ちて、汐島の民家の古書にたどり着く。それは江戸時代の妖怪本だった。三滴は本の中から三匹の妖怪となって再生する。この妖怪たちが東京からやって来た少女の夏を彩ることになる。荒唐無稽な設定だが、この妖怪たちの手を借りて、制作者は自然と風俗が溶け合う瀬戸内の輝きを描いていく。汐島では一カ月後にしまなみ海道が開通することになっている。そうなれば島の風俗はクルマの騒音でかき消されていくだろう。それだけに作中の島の美しさが過去のものとして、見るものの郷愁を呼び起こす。

だが東京から来た少女にとって島は異質な場所である。それを増幅するのが妖怪たちだ。この妖怪たちと少女がたがいに親しんでいく過程として作品は見ることができるだろう。妖怪たちと親しむにつれて彼女は島の生活に溶け込んでいく。それは、なだらかな道とは限らない。東京の少女が島の子になるには、最後の劇的な一歩が必要だった。

ある嵐の夜、母親が喘息の発作を起こし、命の危険にさらされる。ももは意を決して隣島へ医者を呼びにいく。夜の暴風雨を突いて開通前の橋を越えていく妖怪たちとの冒険譚。作品の最大の見せ場である。子供から大人へ。そこには思春期という橋がある。母親を助けるために立ち上がったとき、少女は大人への一歩を踏みだしたのだろう。この大人への過程で、彼女は少しずつ自分を見守る父親の姿に気づいていくのだ。

嵐の後で、すっかり回復した母親とももは島の夏祭りを楽しんでいる。この夏祭りでは、精霊流しのように灯籠《とうろう》を立てた藁舟《わらぶね》を海へと送る。ところが、ももと母親が夜の海辺に残っていると、一艘だけが送り返されてくる。その舟には折りたたまれた一枚の便箋があった。それは父からももへの手紙だった。その手紙の上に、ももは「お母さんを頼む、いつも見ている」という言葉を読み取る。その直後に文字は消えてしまう。この地上で書きかけた最後の手紙に、父親は何を書こうとしたのか。そう、ももは問い続けてきた。そして夜の海辺で、初めて父親のこころにふれることができた。これからも人生の節目で、彼女は父親と出会っていくことだろう。そのたびに彼女は白い便箋に新しい言葉を見いだしていくに違いない。

ももの島の家には、こわれた時計が壁に掛けられていた。それが物語の終わり近くになって動きだす。それは、この島でのももの時間が動き始めたことを意味している。最後の場面で、ももは島の子供たちに励まされて、初めて橋から海へと飛び込む。海に浮かんで少女を見上げていた子供たちは、「これで、ももちゃんも島の子供じゃね」と喜ぶ。海と仲間に抱かれて少女が成長していく。瀬戸内の島を舞台とした美しい物語である。

あとがき

本書は広島で発行されている仏教の機関誌『光明』に二〇一三年一月から二〇一八年八月まで計六八回にわたり掲載された文章に未発表の原稿を加えてまとめたものです。初回の題材は『間宮兄弟』、最終回は『陽だまりの彼女』でした。連載時の表題は「シネマの浄土」でしたが、上梓に当たり『孤独と出会いの映画論』とあらためました。

執筆の機縁となったのは、大学時代の友人である玉城裕美子さんが、一九一九年から続くという同誌の編集長を引き受けられたことです。彼女に連載の企画を持ちかけられ、「映画を見ていなくても読んで楽しめる映画論」をコンセプトに執筆を引き受けることにしました。長く哲学テクストに親しんできた生業もあり、気安く楽しめる文章ばかりではないかもしれませんが、作品を見ていなくても読むことができる、その意味で独立した文章には近づけたかもしれません。もちろん未見の作品はご覧いただき、本書との対話を深めていただければ、筆者として本望です。

連載の当初は各回で完結する読み物とするつもりでしたが、次第に一回の掲載では書き切れなくなり、『セックスと嘘とビデオテープ』などは六回の連載に及びました。連載中、ご意見やご感想を寄せてくださいました読者のみなさまには、あらためて感謝申し上げます。また、毎月の原稿執筆に際しては、妻の真由美に最初の読者として目を通してもらい、多くの貴重な助言を受けました。

朱に染まってもどってきた原稿に呆然とし、締切りをまえに朝方まで書き直していたことも、今では楽しい思い出です。指摘を受けて大幅に書き直すことも少なからずありました。本書は彼女との共同執筆だと思っています。この間、私自身の勤務先の変更や長短期の在外研究などもありましたが、休みなく毎月の執筆を続けることができたのは、家族をはじめとする多くの方々のご助力のおかげです。

今世紀に入り、社会は変化の速度を増しています。多くの人が情報端末を手にし、みずから情報の発信者となり、また受け手として大量の情報にさらされています。このような状況において、映画の一場面にとどまり、考えを深めようとする本書の姿勢は時代の方向に背いているように見えるかもしれません。しかし、私たちは慌ただしい日常に言葉にならない苛立ちを覚えつつ、ほんとうは、この日常と向かい合い、語り合うことを求めているのではないでしょうか。そのような胸底の欲求に、わずかなりとも本書が役立てば幸いです。最後になりますが、このような本書の企図を受けとめ、出版をお引き受け下さいました新曜社様に、こころよりお礼申し上げます。

二〇二一年七月十七日

木本伸

作品一覧（掲載順）

『太陽を盗んだ男』（長谷川和彦、一九七九年）
『ブレードランナー』（リドリー・スコット、一九八二年）
『A．I．』（スティーヴン・スピルバーグ、二〇〇一年）
『ゾンビ』（ジョージ・アンドリュー・ロメロ、一九七八年）
『ファイトクラブ』（デヴィッド・フィンチャー、一九九九年）
『生きものの記録』（黒澤明、一九五五年）
『陸軍』（木下惠介、一九四四年）
『世界の中心で、愛をさけぶ』（行定勲、二〇〇四年）
『陽だまりの彼女』（三木孝浩、二〇一三年）
『ジョゼと虎と魚たち』（犬童一心、二〇〇三年）
『秒速5センチメートル』（新海誠、二〇〇七年）
『卒業』（マイク・ニコルズ、一九六七年）
『セックスと嘘とビデオテープ』（スティーブン・ソダーバーグ、一九八九年）
『桐島、部活やめるってよ』（吉田大八、二〇一二年）
『俺俺』（三木聡、二〇一三年）
『台風クラブ』（相米慎二、一九八五年）
『スワロウテイル』（岩井俊二、一九九六年）
『太陽がいっぱい』（ルネ・クレマン、一九六〇年）
『アバウト・タイム――愛おしい時間について』（リチャード・カーティス、二〇一三年）

『コーヒーをめぐる冒険』（ヤン・オーレ・ゲルスター、二〇一二年）
『失楽園』（森田芳光、一九九七年）
『Shall we ダンス？』（周防正行、一九九六年）
『海街 diary』（是枝裕和、二〇一五年）
『間宮兄弟』（森田芳光、二〇〇九年）
『ももへの手紙』（沖浦啓之、二〇一二年）

著者紹介

木本　伸（きもと しん）

1966年生まれ。広島大学大学院文学研究科博士課程後期修了、博士（文学）。現在、立命館大学教授。専攻、ドイツ思想史。論文："Die kulturhistorische Problematik in der Rezeption Nietzsches in Japan"（*Bochumer Jahrbuch zur Ostasienforschung*, 44号、2022年）、「転換の場所——親鸞とハイデガー」（『真宗教学研究』42号、2021年）、「文学の言葉と技術の言葉——ハイデガーの詩的言語論をめぐって」（『広島ドイツ文学』31号、2018年）など。

新曜社　**孤独と出会いの映画論**
スクリーンに映る都市の日常

初版第1刷発行　2021年12月10日

著　者　木本　伸
発行者　塩浦　暲
発行所　株式会社　新曜社
〒101-0051　東京都千代田区神田神保町3-9
電話（03）3264-4973（代）・FAX（03）3239-2958
E-mail：info@shin-yo-sha.co.jp
URL：https://www.shin-yo-sha.co.jp/

印　刷　長野印刷商工（株）
製　本　積信堂

©Shin Kimoto, 2021 Printed in Japan

ISBN978-4-7885-1748-6　C1074

好評関連書

板倉史明 著
映画と移民　在米日系移民の映画受容とアイデンティティ
A5判274頁　本体3500円
アメリカに渡った日本人に映画はどのような役割をはたしたか。一次資料で明らかにする。

飯田高誉 編著
「文明」と「野蛮」のアーカイヴ　ゴダール『イメージの本』からリヒター《アトラス》へ
A5判392頁（うちカラー280頁）　本体6800円
飼い慣らされていないアートをつきつけた「堂島ビエンナーレ2019」の衝撃を紙上再現。

新曜社編集部 編／最果タヒ・玉城ティナ・滝口悠生・小沢健二ほか著
エッジ・オブ・リバーズ・エッジ　〈岡崎京子〉を捜す
四六判280頁　本体1900円
いまなお多くの読者を魅了する『リバーズ・エッジ』をめぐる目眩のような断片33。

杉本章吾 著
岡崎京子論　少女マンガ・都市・メディア
四六判384頁　本体3400円
岡崎マンガは少女マンガの〈臨界〉に迫る試みであった――丁寧な分析でその魅力を解読。

S・クリッチリー 著／田中純 訳
ボウイ　その生と死に
四六判変型256頁　本体2000円
十二歳でボウイに出会い、のち国際的哲学者となった著者による、全く新しいボウイ論。

P・ステッドマン 著／鈴木光太郎 訳
フェルメールのカメラ　光と空間の謎を解く
A5判288＋口絵8頁　本体3200円
彼は光学装置を使って描いたのか。天才が「カメラ」のもとで掴んだ美の可能性とは？

（表示価格は税抜き）

新　曜　社